아담

IVP(InterVarsity Press)는
캠퍼스와 세상 속의 하나님 나라 운동을 지향하는
IVF(InterVarsity Christian Fellowship)의 출판부로
생각하는 그리스도인을 위한 문서 운동을 실천합니다.

Originally published by Orbis Books
as *Adam* by the Estate of Henri J. M. Nouwen
© 1997 by the Estate of Henri J. M. Nouwen
Translated by permission of Orbis Books
P. O. Box 308, Maryknoll, NY 10545-0308, U. S. A.

Korean Edition © 1998, 2022 by Korea InterVarsity Press
156-10 Dognggyo-ro, Mapo-gu, Seoul 04031, Republic of Korea

아담

하나님이 사랑하시는 자

헨리 나우웬 | 김명희 옮김

lvp

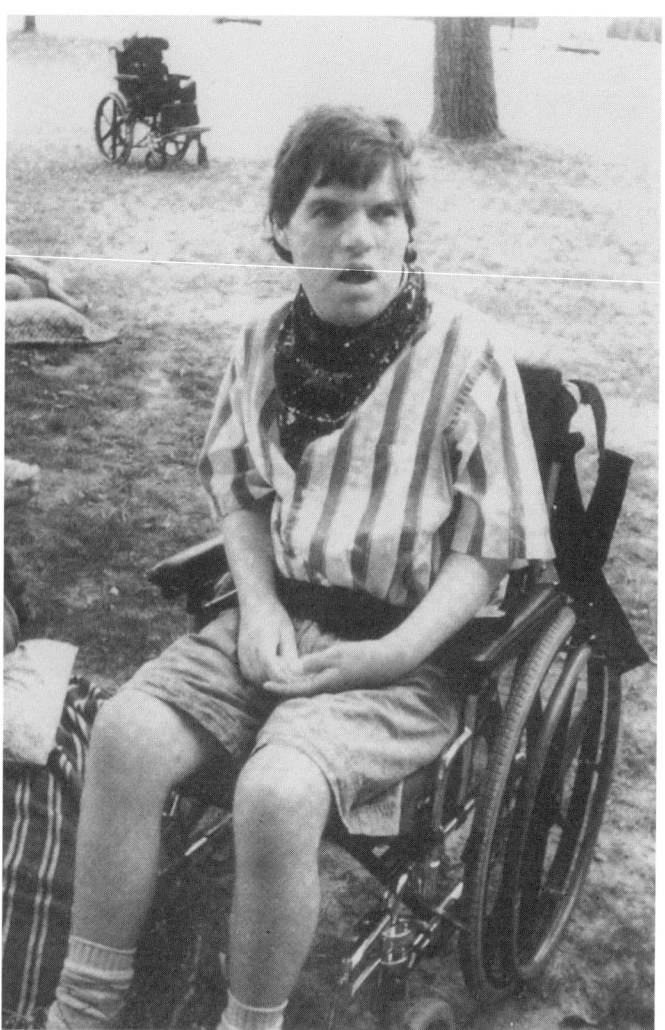

차례

서언	7
서론_ 이 책이 쓰이기까지	13
1장_ 아담의 숨겨진 이야기	23
2장_ 아담의 광야	41
3장_ 아담의 공생애	53
4장_ 아담의 길	85
5장_ 아담의 수난	107
6장_ 아담의 죽음	119
7장_ 아담의 장례	135
8장_ 아담의 부활	151
9장_ 아담의 영	161
결론	167

서언

1996년 2월 아담 아네트(Adam Arnett)가 세상을 떠나자마자, 헨리는 내게 아담에 관한 책을 쓸 생각을 하고 있다고 말했다. 그는 정말 그 일을 하고 싶어 했고, 내게 아담의 생애에 대해 이야기해 달라며 도움을 구했다. 나는 얼떨떨했다. 아담이 죽은 지 얼마 되지 않았기 때문에 책을 쓰기에 적절하지 않다고 생각했기 때문이다. 나는 그에게 시간이 좀더 필요하다고 말했다. 대답을 들은 헨리는 난감해했다. 그래서 그는 내 도움 없이 책을 썼고, 그것은 나를 난감하게 했다.

그는 출판사의 로버트 엘스버그(Robert Ellsberg)에게 초고를 보냈고, 그들은 원고의 장단점과 더 필요한 작업에 대해 서로 의견을 나누었다. 헨리는 또한 아담의 부모인 진(Jeanne)과 렉스(Rex) 아네트에게도 아담의 어린 시절 사건과 이야기들을 들려 달라고 부탁했다. 헨리는 첫 두 장에 대한 자료를 좀더 많이 얻기 위해 그들과 만나기로 했다.

그런데 1996년 9월 21일에 헨리가 갑자기 세상을 떠났다.

헨리의 유언에 따라 내가 출판 담당자로 지명되어, 다른 여러 가지 일을 비롯하여 이 책의 완성을 책임지게 되었다. 나는 헨리의 출판사의 도움을 받았고, 아담의 부모도 만나 보았다. 그리고 나서 원고 작업을 시작했다.

맨 처음으로 내게 감동을 준 것은, 아담과 헨리의 관계에 존재하는 힘과 의미였다. 두 사람의 관계는 헨리가 진정한 안식처를 찾아다니던 특별한 순간에 시작되었다. 아담은 자신의 순수함과 존재 자체라는 안식처로 헨리를 기꺼이 맞이했다. 정말 놀라운 이야기다.

나는 또한 특별히 아담의 어린 시절과 관련된 부분에서 원고의 약점을 발견하여 그 부분을 보강했다. 그 일을 하는 동안 나는 두 명의 좋은 친구를 잃은 슬픔에 사로잡혔다. 작업을 하는 동안 나는 그들에게 이야기했지만, 어떤 대답도 '들을' 수 없었다. 하지만 그 과정에서 엄청난 힘을 얻었고, 열정과 확신 가운데서 일했다. 그들의 존재와 인도의 영이 함께하는 것 같았다. 나는 그들이 나를 도와주었다고 믿는다.

그들의 관계를 묘사하는 본문은 슬픔 가운데서도 내게 깊은 영감을 주었다. 이제는 헨리가 이 일을 시작한 것으로 인해 너무나 감사한다. 그리고 아담과 헨리의 이야기에 기여할 기회가 주어진 것을 고맙게 생각한다. 헨리처럼 나도 사랑과 큰 기쁨과 자유를 가지고 이 작업을 했다.

   헨리는 예수님의 생애라는 패턴에 맞추어 아담의 이야기를 훌륭하게 이끌어 나갔다. 그뿐 아니라 그는 저술 과정에서 아담의 이야기가 곧 자신의 이야기임을 깨닫는다. 결국 헨리는 작가로서의 천부적인 재능을 통해, 우리 각자에게도 우리의 이야기를 선물로 주고 있다.

수 모스텔러
헨리 나우웬 기념위원회

서론_

이 책이 쓰이기까지

1995년 9월 초엽, 라르쉬의 데이브레이크 공동체는 그곳에서 10년간 목회자로 섬긴 것을 기념하여 내게 안식년을 주었다. 내가 가장 하고 싶었던 일은 책을 쓰는 것이었다. 그래서 나는 사역을 하는 동안 내게 영감을 주고 힘이 되어 준 몇 가지 주제로 저술 작업을 하며 그해를 보내기로 마음먹었다. 그 생각들 대부분은 내게 진정한 안식처가 되었던 데이브레이크 공동체에서 사는 동안 형성되었다.

나는 "내가 무엇을 믿는가?" "성부, 성자, 성령 하나님을 믿는다고 말할 때 그 의미는 무엇인가?" "내가 신조를 암송할 때, 진정 말하는 바는 무엇인가?"와 같은 질문들을 계속해서 숙고하고 있었다. 이 질문들은 꽤 오랫동안 나를 따라다녔고, 그래서 나는 사도신경에 관한 작은 책을 쓰기로 결심했다.

나는 몇몇 사람들과 이에 대해 이야기를 나누었고, 친구이자 출판인인 로버트 엘스버그에게도 현대의 신앙고백이라는 주제로 저술을 시작했음을 전했다. 나는 일차적으로 내가 살면서 실천하고자 애써 왔던 그 신앙을 표현할 새로운 방법을 찾는 일에 관심이 있었다. 하지만 이것이 또한 동일한 질문들로 고군분투하는 우리 시대의 수많은 사람들과, 전통적인 신앙고백에서는 더 이상 의미와 적절성을 발견하지 못하는 사람들에게도 도움을 줄 수 있을 것이라 믿었다.

로버트 엘스버그는 이 생각에 상당한 관심을 보였고, 시간과 정성을 들여 사도신경에 대한 논문들을 모아 주었다. 그 논문들을 읽기 시작하자 나는 기독교 신앙고백의 다양한 형태와 기원에 대한 아주 복잡한 신학적 논쟁에 깊이 빠져 버렸다. 단순해 보이던 내 계획이 사실상 거창하고 겉만 번지르르한 일이 되어 버리는 것은 아닌가 하는 생각이 들기 시작했다. 나는 그저 우리가 사랑하는 하나님을 위해 살아갈 수 있는 방법에 대해 이해하기 쉬운 용어로 표현하고 싶었지만, 논문들을 읽을수록 그 일이 점점 어려워지는 것 같았다. 내가 어떻게 감히 모든 그리스도인의 신조(Creed)에 관해서 책임 있는 책을 쓸 수 있을지 자문해야만 했다. 나는 10여 년 전에 학계를 떠났고, 깊이 있는 신학적 연구를 할 의사도 없었다. 지금 나는 무엇보다도 정신 장애가 있는 사람들과 함께 사는 작은 공동체의 목회자가 아닌가? 이것은 확실히 우리의 신앙에 대한 열두 개의 조항을 논의할 만한 상황이 아니었다. 데이브레이크 공동체에서 나와 함께 사는 대부분의 사람은 자신들이 믿는 바를 체계적으로 분명하게 표현하지도 못한다. 아주 불가능하지는 않더라도, 신학 논문들에 대한 깊이 있는 사고는 그들 대부분에게는 어려운 일이다.

나의 한계를 넘어서는 일을 위해 애쓰는 것이 아닌가 하는 생각이 들기 시작할 무렵, 아담 아네트가 죽었다. 아담은 나의 친구요, 스승이요, 인도자였다. 그는 색다른 친구였다. 보통 사람이 하는 것과 같은 방법으로 애정과 사랑을 표현할 수 없었기 때문이다. 그는 색다른 스승이었다. 깊이 사고할 수 없었고, 사상이나 개념을 표현할 수도 없었기 때문이다. 또한 그는 색다른 인도자였다. 내게 어떤 구체적인 방향 제시나 충고도 해 줄 수 없었기 때문이다. 아담은 내가 처음 라르쉬 데이브레이크를 방문했을 때 함께 살았던 사람 가운데 하나였으며, 내가 토론토의 데이브레이크 공동체에 합류했을 때 돌보아야 했던 최초의 사람이었다.

나는 관에 누워 있는 아담의 시신을 본 순간부터, 그의 삶과 죽음의 신비에 사로잡혔다. 그때 섬광처럼 내 가슴에 와닿은 사실은, 아담이라는 이 장애인이 영원 전부터 하나님의 사랑을 받았으며 치유 사역이라는 독특한 사명을 띠고 이 세상으로 보냄받았다는 것 그리고 이제 그 사명을 완수했다는 것이었다. 나는 예수님의 이야기와 아담의 이야기 사이에 유사점이 많다는 사실을 알게 되었다. 그리고 또 다른 무언가를 알게 되었다. 바로 아주 심원한 곳에서, 어떤 신비스러운 방법으로 아담이 내게 살아 있는 그리스도의 형상이 되었다는 것이다. 예수님이 이 땅에 사실 때 제자들에게 친구요, 선생이요, 인도자가 되셨던 것처럼 말이다. 나는 아담 안에서 그리고 아담을 통하여 예수님과 제자들의 관계를 진정 새롭게 이해하게 되었다. 그것은 오래전에 있었던 사건이 아니었다. 예수님은 지금도 가장 약하고 가장 상처받기 쉬운 사람들을 통하여 우리와 함께 살고자 하신다. 실제로 나는 아담을 돌보면서 하나님에 대해 더 많은 것을 알게 되었다. 그러나 그것만이 아니었다. 아담은 또한 자신의 삶을 통하여, 나의 '연약한 심령' 가운데서 살아 계시는 그리스도의 영을 발견하고 재발견하도록 도와주었다. 예수님은 오래전에 사셨지만, 아담은 나와 동시대에 살았다. 예수님은 육체적으로 제자들과 함께 계셨지만, 아담은 육체적으로 나와 함께 있었다. 예수님은 우리와 함께하시는 임마누엘 하나님이셨다. 아담은 내게 성스러운 인물이요, 거룩한 사람이요, 살아 계신 하나님의 형상이었다.

아담은 아주 유별난 사람이었는가? 그는 무슨 특별한 천사였는가? 전혀 그렇지 않다. 아담은 여러 사람들 가운데 살았던 한 사람이다. 그러나 나는 아담과 관계를 맺었고, 그는 내게 특별한 존재가 되었다. 나는 그를 사랑했고, 우리의 관계는 내 생애 가장 의미 있는 일 가운데 하나다. 아담의 죽음은 내게 깊은 감동을 주었다. 그는 어떤 책이나 교수 이상으로 나를 예수님의 인격으로 다가가도록 이끌어 주었기 때문이다. 그의 죽음은 잠을 깨워 주는 전화벨 소리였다. 그는 내게 이렇게 말하는 것 같았다. "이제 내가 당신을 떠났으니, 당신은 나에 대해 쓸 수 있을 것입니다. 우리 가운데 거하기 위해 오셨고 우리에게 성령을 보내 주신 놀라운 우리 하나님의 신비에 대해 내가 당신에게 가르쳐 준 것을 친구들과 독자들에게 말할 수 있을 것입니다."

아담의 장례식 후 저술 작업으로 돌아온 나는 다시 한번 "나는 무엇을 믿는가?"라는 질문에 부딪혔다. 그때 나는 아담이 이 질문에 대답해 줄 수 있다는 사실을 깨달았다. 나는 신학적·역사적 논문들을 읽는 것을 그만두고, 예수님과 거의 같은 34세라는 나이에 죽은 이 놀라운 사람의 인생과 소명에 대해 숙고하기 시작했다. 그의 짧은 생애가 내 머리와 가슴을 스쳐 지나갔을 때 나는 확실히 깨달았다. 바로 아담의 인생 이야기가 내게 내 신앙에 대해, 또 사람들이 쉽게 이해할 수 있는 기독교 신조에 대해 말할 수 있는 단어들을 알려 줄 수 있을 것 같았다. 아담, 단 한 마디도 할 수 없었던 그가, 2천 년대를 맞이하는 전환기에 살고 있는 나의 깊은 확신을 표현할 수 있는 말의 원천이 되었다. 너무나 연약했던 그가 그리스도의 풍성함을 선포하도록 도와주는 강력한 후원자가 되었다. 그리고 나를 안다고 표현조차 할 수 없었던 그가, 나를 통하여 모든 사람이 삶 가운데서 하나님을 인식하도록 도울 것이다.

예기치 않았던 아담의 죽음과 그로 인한 슬픔 덕분에, 나는 인간 역사에 들어오신 하나님에 대해 말할 수 있는 장소, 내가 그동안 찾고 있었던 내면의 장소를 알게 되었다. 나는 그의 이야기가 예수님의 이야기를 하도록 내게 도움을 줄 것임을 깨달았다. 예수님의 이야기를 통해 아담의 이야기를 이해할 수 있었기 때문이다.

그를 요한이나 베드로라 부를 수도 있을 것이다. 내게 아주 특별한 방법으로 예수님을 보여 준 사람의 이름이 아담이라는 사실은 순전히 우연의 일치였다. 그러나 또한 하나님의 섭리에 의 한 우연이었다. 첫 아담처럼 우리의 아담은 모든 인간을 대표한다. 그러니 더욱 쉽게 이렇게 질문할 수 있겠다. '당신에게 하나님에 대해 말해 주는 당신의 아담은 누구입니까?'

나는 글을 쓰기 시작했다. 이어지는 이야기는 아마도 사도신경에 관해 쓰게 될 내용과 비슷할 것이다. 아담은 그 신조를 표현하도록 하는 길이므로, 나는 그를 위해 그리고 우리의 특별한 관계를 위해 사랑과 감사함으로 이 글을 쓴다. 또한 많은 사람이 아담의 이야기를 통하여 우리 가운데 있는 하나님의 이야기를 깨달을 수 있기를, 그리고 그로 인해 새롭게 '나는 믿습니다'라고 말할 수 있기를 바라는 간절한 소망으로 이 글을 쓴다.

1장_

아담의 숨겨진 이야기

아담은 1961년 11월 17일, 진 아네트와 렉스 아네트의 둘째 아들로 태어났다. 그는 부모와 여덟 살 된 형 마이클 그리고 할아버지, 할머니에게 크나큰 생기와 활력을 가져다준 아름다운 아기였다. 마이클이 간질 때문에 잦은 발작으로 고생하며 지속적인 도움을 필요로 하던 터라, 진과 렉스는 아담에게도 간질 증세가 있는지 철저하게 검사를 받았다. 모든 검사에서 음성이라는 결과가 나오자 비로소 안심할 수 있었다.

그러나 아담은 성장이 느렸고, 그것은 어머니의 걱정거리였다. 아담이 생후 3개월이 되었을 무렵 고열을 동반한 중이염을 앓은 적이 있다. 그때 진은 처음으로 발작 증세가 나타나는 것을 금방 알아차렸다. 그녀는 아담을 담요로 싸서 옆집에 사는 간호사에게로 데리고 갔고 그 간호사가 그들을 병원까지 태워 주었다. 그날 밤늦게 의사는 아담 역시 간질이 있음을 확인시켜 주었다.

아담은 서서히 기는 것을 배웠고, 일어서는 데 1년 이상이 걸렸다. 그러고 나서 그는 오랫동안 집안에서 가구를 짚고 서서 천천히, 조심스럽게 그리고 안전하게 주위를 걸어 다녔다. 마침내 두 살의 어느 날, 아담은 아무 도움 없이 걸어 다니게 되었다. 그의 부모는 아주 기뻐했다.

발작은 계속되었고 약물 처방도 받았지만, 아담이 신체적으로 안정되기까지는 수년이 걸렸다. 그는 말하는 법을 배우지는 못했지만, 지시에 잘 따랐고, 자기 주위에서 무슨 일이 일어나는지 알았으며, 나름의 방법으로 의사소통을 했다. 그의 아버지가 윙윙거리는 소리를 내며 '벌'이 그의 코에 부드럽게 앉을 때까지 아담의 머리 위에서 손가락으로 원을 그렸을때, 그는 아버지의 팔을 붙잡고, 다시 그 놀이를 하고 싶다는 것을 표현하기 위해 공중에 원을 그리곤 했다.

아담은 만 4세가 될 때까지 늘 어떤 패턴을 유지하며 돌아다녔는데 특히 집 뒤쪽으로 나가는 것을 좋아했다. 그는 그곳에서 야외용 탁자 위로 올라가 앉아서 엄마가 주스를 갖다 주기를 기다렸다. 그러다가 탁자 끝으로 가면, 거기는 의자가 없어서 밑으로 그냥 떨어지곤 했다. 그러나 가장자리 밑으로 발이 걸릴 때면, 거기 매달려서 올라가지도 내려가지도 않았다. 그는 아무 말도 하지 않고 그저 구조되기를 기다리고 있었다. 그는 어떻게 내려오는지를 배웠지만, 이런 식으로 있는 것을 더 좋아했다. 그는 조용히 도움을 기다렸다. 이렇게 너무나 일찍 시작된 단순한 기다림의 자세가 그의 삶의 두드러진 특징이었다.

아담은 또래 아이들처럼 말하거나 놀 수 없었기 때문에, 친구를 사귀거나 견문을 넓힐 기회도 갖지 못했다. 가정 밖에서 아담의 삶과 성장은 별로 환영받지 못했고 오히려 그의 장애만이 부각되어 보였다.

아담은 집 뒤쪽으로 나가 길을 따라 내려갔다가 돌아오는 것을 좋아했다. 그 길에는 똑같이 생긴 네 채의 집이 있었는데, 그는 어느 집이 자기 집인지 알았고 더 멀리는 가지 않으려 했다. 뛸 때는 두 팔을 공중으로 번쩍 들고 거리를 활보했다. 때로는 이웃 사람들이 그를 알아보고 그가 돌아다니는 것을 염려하여 그의 부모를 불러 주의를 주기도 했다.

아담이 슈퍼마켓의 카트에 달린 어린이 좌석에 앉기에는 너무 커 버린 이후에도, 진은 장을 볼 때 데려가야 했다. 그래서 그녀는 아담을 카트에 앉히고 아담 위로 물건들을 넣었다. "그 아인 처음에는 아주 조용했답니다." 진이 회상하며 말했다. "하지만 내가 뭔가를 찾고 있을 때면 팔을 뻗어 물건들을 카트에 담곤 했습니다. 아담을 나무라고 그건 사지 않을 거라고 말해도 절대로 그만두지 않았어요. 처음에는 조용히 앉아 있지만, 물건들이 아담 위로 쌓이면 법석을 떨면서 물건들을 사방으로 흐트러뜨렸어요. 그래서 거의 끝나 간다고, 몇 분 후면 해방될 거라고 아담을 안심시켜야 했죠. 카트가 가득 차면, 그 아이는 물건들을 하나씩 차례차례 천천히 그리고 조용히 들어 올려서 카트 바깥으로 팔을 뻗어 바닥에 버렸어요. 나는 아담 때문에 때로는 사려고 했던 것보다 더 많이 사 가지고 돌아왔고, 어떤 때는 덜 사 가지고 왔지요." 이 이야기를 하는 중에도 렉스와 진은 둘 다 유머 감각을 잃지 않았다.

아담은 먹는 것을 좋아했는데, 특히 달콤한 간식을 좋아했다. 형 마이클은 아주 수다스러웠고, 자기 음식에 주의를 기울이지 않았기 때문에, 아담은 가끔 팔을 뻗어 마이클의 음식을 숟가락으로 가져오곤 했다. 때로는 마이클이 보지 않을 때 마이클의 접시를 자기 쪽으로 끌어당기려고도 했다. 렉스와 진은 아담의 작은 심술을 보며 즐거워했다.

아네트 가족의 집에서 벽장은 계단 꼭대기에 있었다. 어느 날 렉스는 아담이 벽장문을 열고 진공청소기를 끌어내고 있는 것을 발견했다. 아담은 자기가 앞에 있는 긴 계단 끝으로 진공청소기를 조금씩 옮겨 올 수 있다는 사실을 알고는 그 일에 푹

빠졌다. 렉스는 이렇게 말했다. "난 계단 밑에 있었어요. 그 아이가 뭔가를 시작하는 것을 보는 일은 흥분되는 일이었어요. 그래서 진을 불러와서 함께 보자고 했죠. 아담은 청소기를 계단 가까이 끌고 오면서 흘끗흘끗 우리를 쳐다보았어요. 어쨌든 뭔가 장난스러운 짓을 한다는 것을 알았던 거죠. 결국 그 아이는 청소기를 끝까지 밀쳐 내서, 청소기가 쿵쾅거리며 계단 밑으로 굴러떨어졌어요." 렉스는 마치 승전보를 전하듯 이 이야기를 해 주었다. 아담이 뭔가를 한 것이다! 쾅 하는 소리와 함께! 전율을 느낀 렉스는 아담에게 "다시 해 봐!" 하고 말했다고 한다. 렉스는 웃으며 이 이야기를 끝냈다. "우리는 기꺼이 청소기를 하나 더 살 생각이었으므로 그 아이가 계속 청소기를 던지도록 내버려 두었죠. 그래야 자신의 힘을 경험할 수 있을 테니까요."

아담이 입학 기준에 미달했기 때문에 그는 어린 시절에 더 고립을 겪었다. 아담이 여덟 살이 되었을 때, 진은 장애아를 위한 자원봉사자들과 함께 소규모 프로그램을 운영하는 부모들의 모임을 찾았다. 아담은 하루에 두 시간씩 참석할 수 있었다. 아담은 결국 열 살이 되어서야 학교에 갈 수 있었는데, 발작 증세 때문에 지각이나 조퇴를 해야 했다. 그의 사회생활이 그랬던 것처럼 학교생활도 제한되어 있었다. 아담은 생일 파티들에도 초대받지 못했고, 어린 시절 대부분을 가까운 가족과 함께 집안에서 숨겨진 채로 보냈다.

그러나 아담은 운동을 좋아했다. 그는 학교를 다니고 나서부터 밤이나 낮이나 침대에서 점프를 하기 시작했다. 아담의 부모는 아담이 스스로 뭔가를 할 때마다 정말로 그것을 좋아했다. 그러나 그런 행동은 위험했고, 아담의 안전이 염려되었다. 그래서 그들은 침대가 뛰기에 적합한 장소가 아니라는 사실을 알려 주려고 계속 노력했다. 아담도 그렇다고 생각했다! 렉스는 침대를 튼튼하게 만들었고 계속 수리했지만, 그러던 어느 날 침대가 완전히 망가져 버렸다. 그 일이 있고 얼마 지나지 않아서 학교에서 아담의 부모에게 트램펄린에서 아래위로 뛰는 한 아이의 모습이 담긴 어설픈 비디오테이프를 보여 주었다. 진이 그 아이가 누구인지 묻자 선생님은 "두 분의 아이입니다!" 하고 대답했다. 수수께끼가 풀린 것이다.

아담은 교회에서도 온전히 받아들여지지 못했다. 아담이 신체장애 때문에 또래 아이들과 함께 세례식과 성찬식에 참여할 수 없음을 알았을 때 그의 부모는 무척 가슴 아팠다. 그러나 후에 신앙을 나누는 소그룹에서 아담은 처음으로 성찬식에 참여하여 소규모 친구들의 축하를 받았다.

아담은 이렇게 숨겨진 시기 동안 자신만의 독특한 방식으로 의사소통을 했다. 그러나 아담이 표현하는 바가 항상 잘 이해된 것은 아니었다. 아담에게는 힘겨웠던 한 해가 있었다. 바로 그가 청각 장애인으로 진단받았던 때다. 아담은 전문가들의 검사를 받고 보청기를 착용하게 되었다. 그러나 그는 보청기를 너무나 싫어했다. 몇 달 동안 그가 그 기구들에 적응할 수 있도록 사람들이 갖은 노력을 기울였지만, 그는 계속 불편함을 호소했고 귀에 붙은 것은 뭐든 다 빼 버렸다. 거의 1년이 지나서야 2차 진단이 나왔는데, 그는 청각 장애인이 아니었고, 보청기는 그가 이미 들을 수 있는 소리를 크게 만들어서 오히려 귀를 상하게 하고 있었다. 아담의 아버지는 이렇게 말했다. "아이가 너무 고통스러웠을 것 같아요. 하지만 아담이 말을 할 수 없었기 때문에 우리는 그런 사실을 전혀 몰랐습니다."

아담은 시간을 말할 수는 없었지만 식사 시간은 알고 있었다. 매일 오후 다섯 시가 되면 그는 부엌으로 가서 천천히 찬장의 미닫이문을 열고 냄비를 꺼내서 레인지 위에 올려놓았다. 이것은 진에게 저녁 준비를 시작할 시간이 되었음을 알리는 행동이었다. 진이 알아채지 못하면, 아담은 냄비를 흔들며 저녁 준비가 그녀가 다음으로 해야 할 일임을 '알아듣도록' 확인시켰다.

아담이 열세 살이 되었을 때 장애인을 위한 센터에서 열린

대소변 가리기 2주 훈련에 참석한 적이 있었다. 그에게는 센터의 간사들이 알지 못했던 두 가지 특징이 있었는데, 하나는 그가 먹는 것을 좋아한다는 것이었고, 다른 하나는 기저귀를 차거나 특정한 팬티를 입어야만 소변을 본다는 것이었다. 간사들은 아담이 혼자서 식당을 찾을 수 있는 유일한 아이라는 사실에 놀라고 기뻐한 반면, 화장실에서는 왜 서너 시간을 앉아 있어도 볼일을 보지 못하다가 다시 팬티를 입히기만 하면 나이아가라 폭포가 되어 버리는지 이해할 수 없었다! 훈련이 끝나자 렉스는 새 차로 아담을 태워 왔다. 분명 긴 오후 훈련을 받았던 것 같았다. 아담이 차에 타자마자 새 차에 '세례를 주고' 말았기 때문이다. 아담은 미소를 짓고 있었다.

얼마 후 아담의 아버지가 영업 회의로 집을 비운 어느 날, 진이 두 아이와 함께 집에 있을 때였다. 그녀는 2층에 뭔가를 가지러 가면서 마이클에게 "잠깐 동생 좀 봐라. 금방 올게" 하고 말했다. 그런데 2층에 있을 때 전화가 와서 통화하고 있는데 마이클이 소리치기 시작했다. "엄마, 빨리 오세요! 큰일 났어요. 큰일 났어요." 진이 계단을 뛰어 내려가 보니 아담이 피범벅이 되어 소파에 누워 있었다. 하지만 원인을 찾을 수 없었다. 진이 아담의 머리를 들어 올리자, 아담이 넘어지면서 앞니 두 개가 잇몸 속으로 들어가 버린 것을 발견하고 깜짝 놀랐다. 아담은 외과 병원으로 보내졌다. 앞니들에 마개를 씌워 제자리에 옮겨 놓기 위해서였다. 의사들의 말에 따르면, 발작 증세가 일어나고 기절한 동안 아담이 혀를 깨물어서 피가 났다고 했다.

이 발작이 아담의 인생을 바꾸어 놓았다. 의사들은 그를 철저하게 검진했고, 새로운 약물을 처방했다. 그 후 아담의 어머니는 간호사들에게 계속 이야기했다. 침대에서 움직이지 않고 누워 있는 아이는, 집에서 스스로 걸어 다니고 가정생활에 참여했던 그 아이 같지 않다고 말이다. 그녀는 그들에게서 더 이상 할 수 있는 일이 없다는 말을 듣고 아담을 집으로 데려왔다. 집에 온 지 사흘이 지난 후 그녀는 공중 보건 간호사를 불렀는데, 그 간호사가 문제의 원인을 찾아냈다. 새로운 처방을 내린 의사들이 예전에 아담이 복용했던 약물을 취소하지 않았기 때문에 며칠 동안 아담이 약을 과다 복용한 것이다. 그 결과 아담은 영구적인 손상을 입었고, 이후에는 결코 이전과 같지 않았다. 힘도 거의 없어졌고, 스스로 돌아다니고 행동했던 모든 능력을 잃어버렸다. 이제 걸어 다니는 데도 도움이 필요했고, 때로는 그를 들어서 옮겨야 했다. 발작도 자주 일어났고 탈진 상태에 빠지기도 했다. 위장이 좋지 않거나 다른 불편 때문에 기분이 좋지 않을 때면, 그는 아버지나 어머니를 찾아 부드러운 포옹으로 그들을 조용히 끌어안았다. 그는 그 자세를 좋아했고, 오랜 시간 만족스럽게 쉴 수 있었다.

렉스에게 아담에 관해 물었을 때 그는 이렇게 대답했다. "아담은 우리의 피스메이커였어요. 그 아이는 조용히 곁에 있으면서, 우리에게 다시금 평온한 장소가 되어 주었고, 우리 가정을 사랑스러운 분위기로 만들어 주었지요." 렉스는 자신과 진에게 요구되었던 엄청난 일, 곧 마이클과 아담을 돌보는 일에 대해서는 거의 아무 말도 하지 않았다. 들어 올리기, 목욕시키기, 면도시키기, 먹이기, 빨래, 옷 입히고 벗기기, 공부와 매일의 프로그램 운영, 의사와 전문가가 되는 일—이것은 엄청난 일이었다.

진의 고혈압이 위험 수위에 달했다는 진단을 받았을 때였다. 그녀는 마이클과 아담을 장기적으로 돌보아 줄, 장애인을 위한 시설을 찾으라는 조언을 들었다. 그것은 부모로서 렉스와 진이 생각지도 못했던 일이었다. 하지만 장기간 아이들을 집에 두는 것이 불가능하다는 것도 알고 있었다. 아담과 마이클은 청년이 되어 가고 있었고, 그 아이들을 돌보는 것이 그들의 주요 임무가 되어 있었다. 그들도 새로운 환경을 찾아야 할 때가 된 것이다. 그러나 어디로 가야 하는가?

그들은 라르쉬 데이브레이크에 대해 알고 있었다. 소그룹 멤버 중에 그 공동체 출신인 사람이 몇 명 있었기 때문이다. 라르쉬는 1964년 장 바니에(Jean Vanier)가 설립했으며 팔복의 정신에 기초한, 국제적인 조직을 가진 공동체다. 각 공동체는 몇 가정으로 이루어져 있으며, 평범한 동네에서 장애인과 그들을 돕는 사람들이 상호성의 정신으로 삶을 나누며 함께 산다. 라르쉬 공동체는 "정신 장애를 가진 사람들은 보통 환영, 경탄, 자발성, 솔직함이라는 자질을 소유하고 있다"고 믿는다. 그리고 "그들은 더 넓은 세상을 향해 우리 마음에 없어서는 안 될 가치를 기억하게 해 주는 살아 있는 신호"라고 믿는다(라르쉬 헌장).

아네트 부부는 데이브레이크를 몇 차례 방문했었다. 그들은 그곳에 좋은 사람들이 있다는 것은 알았지만, 자기 아이들을 경험이 부족한 젊은 봉사자들 가운데 두는 일은 상상할 수 없었다. 부모로서 그들은 그곳에 많은 사랑과 돌봄이 있다는 것을 알았지만, 그곳은 규모가 컸기 때문에 무관심한 태도도 보였다. 마이클과 아담의 부모는 아들의 필요가 제대로 충족되지 않을까 봐 걱정이 되었다. 그들은 열심히 알아보았지만, 그 공동체는 설립 당시부터 간질 환자나 특별한 의료 혜택을 필요로 하는 사람을 받아들이지 않았다는 말을 들었을 뿐이다. 당시에는 아담처럼 많은 도움을 필요로 하는 사람을 받아들일 준비가 되어 있지 않았기 때문이다. 그러나 마이클은 지원이 가능할 수도 있었다. 그는 걸을 수도 있고 혼자 몇 가지 일은 할 수 있었기 때문이다.

적합한 곳을 찾기 위한 길고도 고통스러운 탐색 작업이 계속되었다. 이 아름다운 부모는 수많은 기관과 협회를 방문했다. 그들은 아담이 이용할 수 있는 몇 군데 시설의 상태를 보고 너무 놀랐고 충격을 받았다. 그곳 사람들은 냄새나고, 침울하고 외로운 상태에서 살아야 했다. 렉스는 지금까지 살아오면서 그런 절망을 경험한 적은 처음이었다고 말했다.

그들은 데이브레이크로 되돌아갔다. 들어갈 수 있는 자리가 생겨서, 마이클은 마지못해 데이브레이크의 '그린 하우스'로 옮겨 갔다. 그 후 아담은 집에서 가까운 만성 질병 전문 병원에 입원했다. 그들은 매일 아담을 찾아갔다. 그때부터 5년 동안 그렇게 했다.

마이클과 아담은 말할 것도 없이, 렉스와 진에게도 이 변화의 시기는 속죄를 위한 긴 고난의 시기 같았다. 가족의 위로와 보살핌을 잃어버린 것을 너무나 슬퍼한 마이클은, 처음에는 데이브레이크의 생활을 불행하게 여기며, 잃은 것을 다시 찾을 수 있도록 집으로 돌아가게 해 달라고 간청했다. 장기 치료를 요하는 사람들과 비인격적 환경의 병원에 있는 동안 아담은 몸무게가 줄었을 뿐 아니라 혼자 힘으로 서고, 걷고, 돌아다닐 수 있는 능력을 잃어버리기까지 했다. 두 아들과의 관계에서 자신의 정체성을 발견하며 살았던 렉스와 진에게는 가슴이 미어지는 일이었다. 이제 그 아이들을 알지 못하고 부모인 자신들이 주었던 만큼의 사랑과 주의를 기울여 줄 수 없는 사람들의 손에 그들을 보내야 했던 것이다. 그들은 계속 질문했다. "다른 방법은 없을까?" "아담이 언젠가는 안식처를 찾을 수 있을까?"

아담의 어린 시절을 생각할 때마다 나는 예수님의 가정생활과 병행되는 모습을 살펴보지 않을 수 없다. 예수님은 권세와 힘을 가지고 오시지 않았다. 그분은 연약함의 옷을 입고 오셨다. 그분의 인생에서 가장 위대한 부분은, 아이로서, 청소년으로서, 발버둥치는 청년으로서, 성숙한 성인으로서 인간의 조건을 공유하신 숨겨진 부분이다. 나사렛에서 보낸 예수님의 삶처럼 아담의 숨겨진 삶은, 수많은 사람을 위한 사역의 때를 앞두고 눈에 보이지 않는 준비를 한 시간이었다. 그의 부모는 이를 그런 식으로 바라보지 않았을지라도 말이다.

나는 아담이 제2의 예수님이라고 말하는 것이 아니다. 오히려 나는 예수님의 연약함 때문에 아담의 극도로 연약한 삶을 최고의 영적 의미가 있는 삶으로 바라볼 수 있게 되었다고 말하는 것이다. 아담은 독특한 영웅다운 장점을 소유하지는 못했다. 그는 신문 기사에 나오는 어떤 사람보다 뛰어나지 못했다. 그러나 나는 아담이 자신의 상처를 통하여 하나님의 사랑에 대한 증인이 되도록 선택받았다고 확신한다. 이는 그를 낭만적으로 묘사하거나 감상에 빠져 하는 말이 아니다. 아담은 우리 모두처럼 한계가 있는 사람이었다. 누구보다 더 한계가 많고 말로 자신을 표현할 수도 없는 사람이었다. 그러나 그는 또한 온전한 사람이요 축복받은 남자였다. 그는 연약함 가운데서 하나님의 은혜로 말미암아 놀랄 만한 도구가 되었다. 그는 우리 가운데서 그리스도를 계시한 자가 되었다.

아담은 굉장한 내적인 빛을 소유했다. 그것은 하나님으로부터 말미암은 것이다. 아담에게는 내면의 공간을 채우고자 하는 마음의 산란함이나 집착 그리고 야망이 거의 없었다. 따라서 아담은 하나님을 위해 마음을 비우는 영적 훈련을 할 필요가 없었다. 소위 '장애'라 불리는 것이 그에게 이러한 선물을 주었다. 그에게는 하나님이 결코 지적·정서적 탐구의 주제가 되지 않았다. 예수님처럼, 그의 사랑받음, 하나님을 닮은 모습, 화평케 하는 사역은, 그를 하나님으로부터 보내심 받은 자로 환영하고자 하는 사람들만이 인식할 수 있었다.

대부분의 사람은 아담을 불구자로 보았다. 우리에게 줄 것이 거의 없고, 가족과 공동체와 사회에 짐만 되는 사람으로 말이다. 그리고 그가 그런 식으로 여겨지는 한, 그의 진리는 숨겨진 채로 있을 것이다. 받아들여지지 않는 것은 주어지지 않는다.

그러나 아담의 부모는 그저 그를 사랑했다. 그가 아담이었기 때문이다. 그렇다. 그들은 그를 있는 모습대로 인정하고 사랑해 주었다. 그들은 또한 의식하지 못하는 사이에 그를 하나님이 우리에게 보내신 자로, 곧 철저한 연약함 가운데서 하나님의 복의 도구가 되도록 하기 위해 보내신 자로 환영했다. 그를 이렇게 바라보면 근본적으로 모든 것이 바뀐다. 그때부터 아담은 특별하고, 경이롭고, 타고난 재능이 있는 약속의 자녀로 나타나기 때문이다.

아담의 투명함은 이후 데이브레이크와 그곳을 넘어서 우리로 하여금 하나님의 무조건적인 사랑을 인식할 수 있게 할 것이다. 그의 경이로운 존재 자체와 믿어지지 않는 진가는 우리에게, 우리도 그처럼 하나님께 귀히 여김을 받고 은혜를 입었으며 사랑받는 자녀임―자신을 부자라고 생각하든 가난하다고 생각하든, 지성인으로 보든 장애인으로 보든, 잘생겼다고 생각하든 매력적이지 못하다고 생각하든 상관없이―을 이해할 수 있도록 안내해 줄 것이다. 그는 영적 스승이 되어 우리가 건드리지 않고 내버려 두고 싶어 하는 내면의 공간으로 우리를 부드럽게 인도할 것이다. 그래서 우리 각자가 진정한 소명대로 살아갈 수 있게 할 것이다. 우리는 그와의 관계를 통해 더 깊고 진정한 정체성을 찾게 될 것이다.

그러나 그의 어린 시절 동안 이 모든 약속은 숨겨져 있었다. 나는 아담의 부모가 아들에 대해 이런 관점을 가지고 말하거나 생각했다고 생각지 않는다. 그들이 예수님의 부모와 같았다고 생각하지도 않는다. 그러나 그렇다고 해서 그의 죽음 이후에 서서히 드러나는 그의 삶의 신비를 이해할 수 없는 것은 아니다. 이것은 예수님에게 일어났던 일이며, 아담에게도 일어났던 일이다. 또한 우리가 역사의 위대한 영적 인도자라고 생각하는 대부분의 사람에게 일어났던 일이다.

하나님이 보시기에 가장 중요한 일은 종종 가장 잘 숨겨져 있다. 아담이 가정에서 부모와 함께 보낸 18년의 세월에 대한 이야기는 지극히 평범하다. 그것은 기적이나 별난 사건에 대한 것이 아니다. 그것은 도시 근교에서 두 명의 경이롭고 그다지 평범하지 않은 소년들과 함께 평범한 삶을 살고자 애쓴 작은 가족의 삶에 대한 이야기다. 그것은 가족과 소수의 '눈이 밝아진' 친구들을 제외하고는 만나는 모든 이에게 신비롭게 베일에 가려진 채로 있었던, 아름다운 아담에 대한 이야기다.

2장_

아담의 광야

예수님은 세례받으신 직후 성령에 이끌려 광야로 나가 40일 동안 마귀의 시험을 받으셨다고 복음서는 말한다. 영적인 삶에서 광야는 시험과 시련과 정화의 장소다. 아담에게도 '광야' 시기가 있었다.

만성 질병 전문 병원은 정부 정책에 따라, 아담이 18세가 되어 정부의 장애인 연금을 받을 수 있어야 그를 받을 수 있다고 했다. 첫 청구서가 도착하자마자 진은 병원으로 돈을 보냈다. 그들은 돈을 받고 나서야 아담에게 침대를 배정해 주었다.

병원에서의 첫날 진과 렉스는 아담과 같은 병실에 입원한 환자들을 소개받았다. 누워만 있고 의사소통을 할 수 없는 80세의 뇌출혈 환자, 각종 경화증으로 고생하는 조용한 남성, 그리고 일하다가 사고로 목이 부러진 후 몸이 마비된 젊은 자메이카 사람이 있었다. 그곳은 큰 창문이 두 개 있는 넓은 방이었다. 아담의 침대는 문 가까이에 있었다.

다음 날 오후 어머니가 문병 갔을 때, 아담은 일어나 옷이 입혀진 채, 휠체어에 손, 허리, 발이 묶여 조용히 앉아 있었다. 그녀는 충격, 불신, 분노, 슬픔이 뒤범벅된 채로 의료진에게 말했다. 아담은 어디에도 가지 않을 테니 묶어 둘 필요가 없다고 말이다. 조만간 그들도 아담과 그의 필요를 알아야 했다.

병원은 인원이 부족하여 근무하는 사람이 적었고, 환자들의 정신과 신체에 자극을 주거나 병실에서 나오게 하는 프로그램 같은 것도 없었다. 정해진 스케줄에 따라 물리적 필요를 해결해 주고 식사가 배달되었지만, 삶은 단조롭고 지루하고 외로웠다.

얼마 지나지 않아 아담의 부모는 점심과 저녁 식사 때 아담에게 음식을 먹여야 하는 책임을 맡게 되었다. 그들이 있을 수 없는 시간에는 친구들이 와서 아담에게 음식을 먹이도록 요청받았다. 이로 인해 아담은 그를 알고 있는 사람들만이 제공해 줄 수 있는 방문, 대화 그리고 특별한 대접을 받았다.

광야에서 사는 듯한 경험을 하며 보낸 5년 동안, 아담은 한 번도 병원에서의 삶에 대한 느낌이나 생각을 말하지 않았다. 그는 더 나은 생활을 하게 해 달라고 요청하거나 원기를 회복할 수도 없었다. 자신의 외로움, 고통, 불만족을 보여 줄 수조차 없었다. 밤이고 낮이고 많은 시간 동안 그는 혼자 조용히 인내하며 집에 갈 날을 기다리고 있었다.

아담은 주말에 정기적으로 집에 왔다. 렉스는 이렇게 덧붙였다. "그 아이는 너무나 온화한 영혼을 가지고 있었어요. 우린 그 아이가 우리와 함께 있는 걸 좋아했어요." 가능한 한 아담이 편히 살 수 있도록 열심히 노력하는 동안, 진과 렉스의 주요 관심사는 아담에게 안식처가 될 수 있는 장소를 찾는 것이었다. 그들은 계속해서 탐색했다. 그들은 아담에게 적합한 장소를 찾아 온타리오주의 전 지역을 돌아다니며 요양소, 협회, 기관을 방문했다.

그러던 어느 날 렉스는 아담이 다시 발작 증세를 일으켜, 억지로 앞니를 잇몸 속으로 밀어 넣으며 자기 턱을 때리는 모습을 발견했다. 아무도 그런 일이 일어나고 있는지 알아채지 못했다. 그래서 그는 아담이 얼마나 오랫동안 그 상태에서 어떤 조치와 구조를 기다리고 있었는지도 알 수 없었다. 렉스가 도움을 요청했을 때도, 그 병원에는 치과 의사가 없으니 아담을 주치의에게로 데려가야 할 것이라는 말을 들었을 뿐이다. 이때 아담은 앞니 두 개를 잃었다.

렉스와 진은 아담과 같은 병실에 있는 피터와 가까워졌다. 피터는 머리카락이 굵고 검었으며 덥수룩했기 때문에 때로 다소 무서운 인상을 주었지만, 사실 가장 인내심이 많은 친절한 사람이었다. 어쨌든 그가 아담의 대변인이 되었다. 진과 렉스가 올 때마다 그는 그들에게 아담이 힘든 밤을 보냈다거나, 그 날은 발작 증세를 일으키지 않았다거나, 아담의 친구들이 문병을 왔었다는 등의 이야기를 해 주었다. 피터에게도 가끔 찾아오는 토론토의 자메이카 공동체의 친구들이 있었지만, 그가 가장 기다리며 좋아하는 것은 어머니의 방문이었다. 그의 어머니는 한 달에 한 번 뉴욕에서부터 버스를 타고 와서, 그녀의 사랑과 더불어 피터를 위해 준비한 자메이카 음식을 선사함으로써 '집'의 느낌을 조금이나마 느끼게 해 주었다. 피터는 또한 자기와 대화를 나누며 길고 외로운 날들을 잘 보내도록 도와준 렉스와 진, 아담 그리고 그들의 친구들을 사랑했다.

아담이 병원에서 보낸 시간은 분명 그의 광야였다. 하나님의 영이 요단강에 계셨던 예수님에게 임하사 그분을 광야로 내몰고 가셨듯이, 동일한 영이 가정에 있던 아담에게 임하시어 그를 정화의 장소로 몰고 가셨다. 그것은 아마도 아담 자신을 위해서라기보다는 아담에게서 은사를 발견하고 그를 '피스메이커'로 부른 사람들을 위한 시험의 시기였다. 그들은 아담을 위한 장소를 찾아다니는 동안 사회가 장애인을 비롯한 소외된 사람들에 대해 가지고 있는 생각들로 인해 낙담했다. 서로의 이름도 모른 채 일과에 따라 기계적으로 움직이는, 의료진도 부족한 그 커다란 병원에서 이 아름다운 하나님의 사람을 인식한 사람이 누가 있었는가? 그와 그의 동료 '환자' 모두가 인간으로서가 아니라 돌보아야 할 대상으로만 취급되는 그 상황에서 누가 아담의 독특함을 인정할 수 있었겠는가? 그를 씻겨 주고 그에게 음식을 먹여 줄 시간조차 없는데 누가 아담의 인생을 축하해 줄 수 있었겠는가? 그곳에는 아담의 신적인 기원과 거룩한 사명을 잊으라는 압력이 있었다.

아담은 세상에 복음을 전하기 위해 보냄 받았다. 복음 전파는 예수님의 사명이자 아담의 사명이었다. 아담은 너무나 단순하게, 조용히, 독특하게 그곳에 있었다. 그는 삶 자체로 하나님의 놀라운 신비―우리는 귀하고, 사랑받는 온전한 하나님의 자녀라는 것―를 선포한 사람이었다. 아담은 이 신비를 조용히 증언한 사람이었다. 그것은 그가 말할 수 있든 없든, 걸을 수 있든 없든, 자기를 표현할 수 있든 없든 상관이 없다. 돈을 많이 벌든 못 벌든, 직업이 있든 없든, 멋쟁이든 아니든, 유명하든 아니든, 결혼했든 독신이든 아무 상관이 없다. 그것은 그의 존재와 관련이 있다. 그는 하나님의 사랑받는 자녀였고 지금도 그렇다. 이것은 예수님이 오셔서 선포하셨던 것과 동일한 소식이며, 모든 가난한 사람이 자신의 연약함 가운데서 또 그 연약함을 통해서 선포하는 소식이다. 인생은 선물이다. 우리 각 사람은 독특하며, 각자의 이름으로 알려져 있으며, 우리를 만드신 분의 사랑을 받는다. 불행히도 우리 사회가 우리에게 주는 너무 크고 끈질기며 강력한 메시지가 있다. 우리가 겉으로 드러나는 모습과 가진 것 그리고 성취할 수 있는 것으로 사랑받는 존재임을 증명해야 한다는 것이다. 우리는 이생에서 '무언가 해내는 일'에 몰두해 있으며, 우리를 자유롭게 하는 진리 곧 우리의 기원과 종말에 대한 진리를 이해하는 데는 너무나 느리다. 우리는 선포되는 메시지를 들어야 하며 가시적으로 구현된 메시지를 계속해서 보아야 한다. 그럴 때에만 그 메시지를 주장하고 그것으로부터 살아갈 용기를 발견하게 된다.

예수님은 일생 동안 많은 것을 성취하지는 않으셨다. 그분은 실패자로 죽으셨다. 아담 역시 많은 것을 성취하지는 못했다. 그는 태어났을 때처럼 빈약한 모습으로 죽었다. 하지만 예수님과 아담 둘 다 하나님의 사랑을 받은 아들—예수님은 본질상, 아담은 '입양'된—이었으며, 우리 가운데서 그 아들의 신분으로 살았다. 그것이 그들이 이 세상에 제공해 주어야 하는 유일한 것이었다. 그것이 그들에게 위임된 사명이었으며, 또한 나의 소명이자 당신의 소명이다. 그것을 믿고 그것으로부터 사는 것이 진정한 거룩이다.

◇ ◇ ◇

병원에서 보낸 시간들은 아담의 숨겨진 삶을 마무리하는 시기였다. 여러 면에서 아담은 대부분의 교수, 의사, 간호사, 치과 의사, 사회복지가, 목사, 공무원들에게 그저 '고객'이었을 뿐이다. 그들은 그를 만났고 그와 함께 일했지만 그의 아름다운 심령, 지속적인 인내 그리고 온화한 마음을 인식하거나 받아들이지 못했다.

그러나 렉스와 진 그리고 그들의 친구들은 아담의 진실을 살아 있게 해 주었다. 그들은 아담의 장애만을 보게 하는 시험을 이겨 냈다. 그들은 그가 돌을 떡으로 바꾸거나, 높은 탑에서 안전하게 뛰어내리거나, 큰 부를 획득할 수 없다는 사실을 진정으로 받아들였다. 아담은 이런 세상적인 일들을 할 필요가 없었다. 그들은 마음 깊은 곳에서 그가 사랑받는 자임을 알았기 때문이다. 이렇게 하나님으로부터 말미암은 지식으로 인해 그들은 5년이 넘는 시간 동안 아담에게 안식처가 될 수 있는 장소를 찾아다녔다. 그가 자기 은사를 표현할 수 있고, 자기의 독특한 사역을 행할 수 있는 그런 장소를 말이다.

데이브레이크는 신체적·의학적 돌봄이 필요한 아담을 맞아들일 채비가 되어 있지 않았다. 그러나 시간이 지나면서 아담의 부모와 데이브레이크 식구들 사이에 우정이 싹터 가고 있었다. 마이클을 핵심 구성원으로 받아들인 그 공동체는 렉스와 진 그리고 아담의 깊은 슬픔 또한 보게 되었다. 아담이 데이브레이크에서 형과 함께 있어야 한다는 것과 이 일을 위해 모든 준비가 진행되어야만 한다는 사실이 점점 분명해졌다.

데이브레이크는 오랫동안 그 일을 준비했다. 신체적·의학적으로 더 많은 도움을 필요로 하는 사람들을 돌보는 법을 습득하기 위해, 봉사자 중 한 명이 프랑스에 있는 라르쉬 공동체로 보내졌다. 뉴 하우스의 한 부분을 보수하여 특수 목욕탕을 만들고, 벽을 따라 레일도 만들고, 휠체어가 다니기 쉽도록 했다. 리치먼드힐의 공동체 전체의 핵심 구성원들을 위한 특별 주간 프로그램도 시작되었다. 1년이 넘는 시간이 걸렸지만, 결국 모든 것이 아담을 새로운 안식처로 맞아들이기에 적절한 상태가 되었다. 렉스와 진에게는 희망이 있었다! 동생과 함께 살기 위해 몇 년을 기다린 마이클에게는 기쁨이 있었다. 마이클의 동생을 맞이하고 좀더 많이 돌보아야 하는 누군가를 받아들이며 사명을 확장하는 데이브레이크 식구들 모두에게는 기대와 약간의 두려움과 넘치는 흥분이 있었다.

1985년 5월 1일, 렉스와 진은 둘째 아들을 데이브레이크의 뉴 하우스로 이사시키는 일을 도왔다. 몹시 기뻐하는 마이클이 곁에 있었다. 진은 아담의 새 방에서 가구와 옷을 정리하면서 소리 내어 울었다. 렉스는 아담의 소지품들을 내려놓으면서 자원봉사자들과 농담을 주고받았다. 아담의 공생애가 시작되고 있었다.

3장_

아담의 공생애

1986년 8월, 나는 아담을 처음 만났다. 데이브레이크에 도착했을 때 나는 그 공동체의 여덟 가정 중 하나인 뉴 하우스에 있는 지하 침실을 배정받았다. 그 집과 그곳에 사는 사람들은 데이브레이크라는 더 큰 공동체 내에서 내가 일차적으로 소속된 곳이었다. 이곳에서 나는 전형적인 라르쉬 공동체의 일상생활을 알 수 있으리라!

아담 말고도 나는 그 집에서 함께 사는 사람들을 만났다. 장애인을 위한 대규모 기관에서 50년 동안 살았던 75세의 로이, 다운 증후군을 앓고 있는 30대의 존, 22년을 살면서 20년을 요양원에서 보낸 로지 그리고 가족과 단절된 채 심한 뇌성마비로 고통받고 있는 20대 초반의 마이클이었다. 이 장애인들은 데이브레이크에서 '핵심 구성원'으로 불린다. 그들이 그들을 둘러싸고 형성된 공동체 생활의 중심에 있기 때문이다. 그 집에 사는 봉사자들은 여러 나라에서 온 젊은이들이었다. 그들은 1년 남짓 뉴 하우스에서 핵심 구성원들과 가정을 만들고 함께 살기 위해 온 이들이었다.

나는 라르쉬의 사명이 핵심 구성원들과 '함께 사는 것'이라고 들었다. 그래서 나는 뉴 하우스에 있는 모든 식구와 함께 새로운 삶을 시작했다. 손으로 하는 일, 요리, 살림 기술은 내게 낯선 것이었다. 나는 20년 동안 네덜란드와 미국의 대학에서 가르치는 일을 했으며, 이 기간에 가정을 꾸려 나가는 일에 주의를 기울이거나 장애인들과 가까이 지낸 적은 한 번도 없었다. 가족과 친구들 사이에서도 나는 비현실적이라는 평판을 들었고, 친구들은 종종 나를 '정신 나간' 교수라고 불렀다.

하지만 내가 정신이 나갔든 아니든, 나는 곧 다음과 같은 요청을 받았다. "헨리, 아침에 아담을 준비시키는 일을 도와주시겠어요? 그의 아침 일과를 말하는 거예요." 아담을 돕는 것이란, 오전 일곱 시에 그를 깨워서 잠옷을 벗기고 목욕 가운을 입힌 다음 그를 욕실로 데리고 가서 면도해 주고 목욕을 시키는 것 그리고 낮 시간을 위한 옷을 골라 입히고 머리를 빗겨서 부엌으로 데리고 가는 것, 거기서 아침 식사를 준비해 주고 그가 아침을 먹을 동안 옆에 앉아 있어 주고 그가 물을 마실 때 컵을 받쳐 주는 것, 또 칫솔질을 해 준 다음 코트를 입히고 장

갑을 끼우고 모자를 씌운 다음 휠체어에 앉혀 울퉁불퉁한 길을 따라 데이브레이크의 주간 프로그램을 하는 곳으로 밀고 가는 것이다. 거기서 그는 오후 네 시까지 낮 시간을 보낸다.

나는 깜짝 놀랐다. 내가 이런 일을 할 수 있으리라고는 생각해 보지 못했다. "그가 넘어지면 어쩌지? 그가 걸을 때 어떻게 그를 받쳐 줘야 할까? 내가 그를 다치게 해도 그가 내게 한마디도 할 수 없다면 어쩌지? 발작을 일으키면 어쩌지? 내가 그의 목욕물을 너무 뜨겁게 하거나 너무 차갑게 하면 어쩌지? 그를 칼에 베이게 하면 어쩌지? 나는 그에게 옷 입히는 방법조차 몰라. 너무나 많은 일이 잘못될 수 있어. 더욱이 나는 이 사람을 모르잖아. 나는 간호사가 아니야. 나는 이런 종류의 일을 위한 훈련을 받지 못했잖아!" 나는 이런 수많은 반대 이유들 중 어떤 것은 소리 내어 말했고, 대부분은 그저 속으로 생각했다. 그러나 대답은 분명하고 확고했으며 내게 위안을 주었다. "당신은 하실 수 있습니다. 무엇보다도 우리가 당신을 도울 것이고 당신의 마음이 편해질 때까지 충분한 시간을 드릴 겁니다. 당신이 준비가 되었다고 느끼실 때 모든 것을 혼자 하실 수 있습니다. 그리고 나서도 문제가 있을 때는 그저 우리를 부르시면 됩니다. 잠시 시간이 필요하겠지만 곧 터득하실 수 있을 겁니다. 당신은 일과를 배우게 될 것이고 아담을 알게 될 것입니다. 그리고 그도 당신을 알게 될 것입니다."

그래서 나는 두려움과 떨림으로 시작했다. 아직도 처음 며칠이 기억난다. 다른 봉사자들의 도움에도 불구하고 나는 아담의 방에 들어가 낯선 사람을 깨우는 일이 두려웠다. 그의 거친 숨소리와 불안한 손 움직임은 나를 더 꺼려지게 만들었다. 나는 그를 알지 못했다. 그가 나에게 기대하는 것도 알지 못했다. 나는 그를 망쳐 놓고 싶지 않았다. 그리고 다른 사람 앞에서 바보짓을 하고 싶지도 않았고 웃음거리가 되고 싶지도 않았다. 나는 정말 난처해지고 싶지 않았다.

처음에 나는 말도 못 하고 의사 교환도 하지 못하는 아담과 어떻게 관계를 맺어야 하는지 모르는 채로 일상적인 일들에 집중했다. 초기에는 그를 나와는 **아주** 다른 사람으로 보았다. 그는 말을 하지 못했기 때문에 우리가 의사소통을 할 수 있으리라는 기대는 전혀 하지 않았다. 정적의 순간이 흐르면서 그의 호흡이 자주 방해받을 때면 나는 그가 다음 숨을 쉴 수 있을지 염려했다. 그는 가끔 팔을 마구 흔들었고, 손가락을 안팎으로 꼬곤 했다. 나는 이 행동이 그를 괴롭히는 뭔가가 있다는 의미라고 생각했는데 실제로 그런지는 알 수 없었다. 그와 함께 걸어갈 때는 그의 뒤로 가서 내 몸과 팔로 그를 지탱해야 했다. 나는 줄곧 그가 내 발에 걸리지는 않을지, 스스로 넘어져서 다치지는 않을지 걱정했다. 나는 또한 그가 어느 순간에도—욕조에 있거나 화장실에 있거나 아침을 먹을 때나 쉴 때나 걸을 때나 면도할 때나—심한 발작을 일으킬 수 있음을 알게 되었다.

처음에는 나 자신과 다른 사람에게 계속해서 질문해야 했다. "왜 내게 이런 일을 하도록 요청했는가? 왜 나는 하겠다고 말했는가? 내가 여기서 무엇을 하고 있는가? 매일 내게 엄청난 양의 시간을 요구하는 이 낯선 사람은 누구인가? 왜 이 집에 사는 사람들 중에 가장 능력 없는 내가, 가장 많은 도움을 필요로 하는 아담을 돌보게 되었는가?" 대답은 항상 동일했다. "그래야 당신이 아담을 알 수 있습니다." 그것은 내게 수수께끼였다. 아담은 종종 나를 바라보며 눈으로 나를 따라다녔지만, 말을 하거나 내가 질문하는 것에 대답하지는 않았다. 아담은 내가 뭔가 잘했을 때도 웃지 않았고 실수했을 때도 항의하지 않았다. 나는 그가 나를 의식하는지조차 의심스러웠다. 어떻게 내가 그를 알게 될까? 나는 자문했다. "그는 무슨 생각을 하며 무엇을 느끼며 무엇을 지각하고 있었을까? 그는 나와 어떤 경험을 하고 있었던 걸까?"

나는 처음 몇 주 동안 욕실에서 계속 사람들을 불렀다. "도와주세요. 와서 좀 도와주세요. 목욕통 속에서 그를 꺼낼 수가 없어요. 그의 칫솔을 찾을 수가 없어요. 이것들이 그의 작업복 바지인지 정장용 바지인지 모르겠어요. 내가 면도기를 가져올 동안 그와 함께 있어 주세요. 그를 혼자 내버려 둘 수는 없어서요." 그들은 항상 왔다. 안네이카, 리자이나, D. J., 스티브 등 가까이에 있었던 사람은 누구든지 항상 왔다. "계속해요, 헨리." 그들은 계속해서 말했다. "당신은 이제 그를 알아 가고 있어요. 곧 노련해지실 겁니다. 금방 그를 사랑하실 겁니다." 나는 너무 걱정이 많아서 '아담을 사랑한다'는 것이 무슨 의미인지 상상할 수 없었다.

노력하면 할수록 내게는 큰 의미가 없었다. 가장 장애가 심한 사람을 위해 일하는 사람은 가장 잘 훈련된 사람이어야 한다고 생각하지 않는가? 가장 필요가 많은 사람에게는 가장 잘하는 사람을 선임하지 않는가? 그러나 봉사자들은 내게 줄기차게 말했다. "여기서 우리는 우리 자신을, 돌보는 사람과 환자, 직원과 고객 관계로 보지 않습니다." 우리 중 일부는 봉사자고 다른 일부는 핵심 구성원이다. 각각이—그렇다, 각 사람이—정말 아마추어다. 아마추어란 문자적으로 '애호가'를 뜻한다.

그러나 처음에는 그 사실을 인식하지 못했다. 한동안 나는 제대로 일하는 것과 가능한 한 실수를 줄이는 일에 온통 주의를 기울였다. 그렇게 함으로써 결국 그 일과를 배웠고, 스스로 확신을 갖기 시작했다. 아담이 나를 신임했는지는 잘 모르겠다.

아담을 깨워서 침실에서 목욕탕으로, 다시 목욕탕에서 부엌으로, 부엌에서 그의 휠체어로 주간 프로그램을 하는 장소까지 가는 데는 보통 두 시간이 걸린다. 마지막으로 그를 그곳에 데려다주고 나면 나는 안도의 숨을 쉬고 일을 하러 간다. 내가 잘할 수 있는 일, 곧 토론, 편지 읽어 주기, 상담, 전화하기, 모임 인도, 설교, 예식 주재 등을 한다. 이것들이 내가 마음 편하게 잘할 수 있다고 느끼는 영역이다.

하지만 내가 처음부터 특권 의식을 가지고 있었음을 말해야 하겠다. 나는 뉴 하우스의 젊은 봉사자들에게 고마움을 느낀다. 그들은 내가 아담을 돕도록 격려해 주었으며, 내가 할 수 있다는 사실을 보여 주었다. 또한 내가 너무 늙었다거나 너무 어색하다거나 너무 서투르다거나 너무 경험이 없어서 그 일을 할 수 없다고 배제되지 않았다는 사실이 감사하다. 그러나 그 무엇보다도 특히 영광으로 생각하는 것은 그 집에서—그렇다, 공동체 전체에서도—가장 약하고 가장 장애가 심한 사람을 내가 맡았다는 것이다. 어떤 면에서는 그것이 라르쉬 공동체가 지향하는 것이다. 가장 부족하고 가장 약한 사람을 중심에 두고 그들의 특별한 은사를 찾는 것 말이다. 아담은 데이브레이크에 있는 그 누구보다도 부족하고 연약한 사람이었다. 그런 아담이 사람을 돌보는 데 가장 무능력한 내게 맡겨졌다…그러나 그 일은 단순히 돌봄이 아니었다.

서서히, 아주 서서히 뭔가 변하기 시작했다. 좀더 자신감이 생기고 편안해짐에 따라, 내 정신과 마음은 인생의 여정에서 나와 합류한 이 사람과의 진정한 만남을 향해 열리고 있었다.

나는 아담과 함께 '일하면서' 데이브레이크의 중심에 서 있는 나 자신을 보기 시작했다. 라르쉬의 설립자인 장 바니에가 얼마나 자주 내게 이런 말을 했던가! "라르쉬는 말에 입각하여 세워진 곳이 아니라 몸에 입각하여 세워진 곳입니다. 우리는 다른 사람의 몸을 위탁받은 특권을 소유한 자들입니다." 나의 모든 삶은 단어, 사상, 책, 백과사전으로 형성되어 있었다. 그러나 이제 내 우선순위가 바뀌고 있었다. 내게 중요해진 것은 아담 그리고 우리가 함께 보내는 특권 같은 시간이다. 그가 완전히 연약한 상태로 자기 몸을 내게 맡길 때, 내가 그의 옷을 벗기고, 목욕을 시키고, 다시 옷을 입히고, 음식을 먹이고 여기저기로 걸어 다닐 수 있도록 그 자신을 내게 내어 줄 때 주어지는 그 시간 말이다. 나는 아담의 몸과 가까워짐으로써 아담과 가까워졌다. 나는 천천히 그를 알아 가고 있었다.

내가 아담의 '일과'를 끝내고 나서 그 이후에 하려는 일에 정신이 팔려서 인내하지 못했을 때가 있었음을 고백해야겠다. 그때 나는 그의 인격을 의식하지 않고 서둘러 그를 옮기기 시작했다. 의식적으로, 아니 대부분 무의식적으로, 나는 서둘러 아담의 소맷자락을 잡아당기거나 바지를 벗겼다. 나는 오전 아홉 시까지 일을 끝내야 한다는 것을 확실히 지키고 싶었다. 그래야 다른 일을 하러 갈 수 있었다. 바로 거기서 나는 아담이 의사소통을 할 수 있다는 사실을 배웠다! 그는 내가 진정으로 그와 함께 있는 것이 아니며 그의 일정보다는 나의 일정에 더 신경을 쓰고 있다는 사실을 알게 했다. 간혹 내가 지나치게 밀어붙일 때면 그는 심한 발작 증세로 반응했다. 그러면 나는 그가 "천천히, 헨리, 천천히"라고 말하고 있다는 사실을 깨닫는다. 어쨌든 그것은 분명 나로 하여금 속도를 늦추도록 만들었다! 발작은 그를 완전히 지치게 만들어서, 나는 하던 일을 모두 그만두고 그를 쉬게 해야 했다. 때로 상태가 너무 나쁘면, 그를 침대로 다시 데려가 너무 심하게 떨지 않도록 여러 장의 담요를 덮어 준다. 아담은 나와 의사소통을 하고 있었다. 그는 끊임없이 나를 일깨웠다. 내가 서두르지 않고 부드럽게 자기와 함께 있어 주는 것이 필요하며 그것을 원한다고 말이다. 그는 내가 기꺼이 그의 리듬을 따라 주고 나의 방법을 그의 필요에 맞추기를 분명히 요청하고 있었다. 나는 새로운 언어, 곧 아담의 언어를 이해하기 시작하는 나 자신을 발견했다.

나는 아담에게 말하기 시작했다. 그가 듣는지 혹은 이해하는지는 확실하지 않았지만, 내가 느끼는 것, 내가 그와 나와 우리에 대해 생각하는 것을 알리고 싶었다. 그가 말로 반응할 수 없다는 것은 더 이상 문제가 되지 않는 것 같았다. 우리는 함께 있었고 우정이 자랐으며, 나는 거기 있는 것이 기뻤다. 얼마

지나지 않아 아담은 내가 가장 신뢰하는 청자가 되었다. 나는 날씨에 대해, 우리의 앞날에 대해, 그의 일과와 내 일에 대해, 내가 가장 좋아하는 그의 옷에 대해, 그에게 주려고 하는 음식의 종류에 대해 그리고 그날 그와 함께 지낼 사람들에 대해 그에게 이야기했다. 결국 나는 내 감정, 좌절, 편안한 관계와 불편한 관계, 기도 생활 등에 대해 이야기하면서 그에게 내 비밀까지 털어놓게 되었다. 이 모든 과정에서 가장 놀라웠던 일은, 아담이 진정 나를 위해 그곳에 있으며 그의 존재 전체로 내게 귀 기울이고, 내게 안전히 거할 장소를 주었다는 사실을 서서히 깨닫게 된 것이었다. 내가 기대하지도 않았고, 잘 표현하지도 못하지만, 정말로 그 일이 일어났다.

한 주 두 주, 한 달 두 달이 지나면서 나는 아담과 함께하는 한두 시간을 사모하게 되었다. 그 시간은 나의 조용한 시간이자 하루 중 가장 깊은 사색에 잠기는 내밀한 시간이 되었다. 진정 그 시간은 긴 기도 시간으로 변했다. 아담은 계속 아주 조용한 방식으로 나에게 '이야기'했다. "그저 나와 함께 있으세요. 그리고 이곳이 당신이 있어야 할 곳이라 믿으십시오.…다른 어디도 아닙니다." 때로 사무실에서 일하고 있을 때나 다른 사람과 대화할 때도 아담이 떠올랐다. 그는 내 삶의 중심에 조용하고 평온하게 임재해 있는 사람이었다. 때로 내가 뭔가 일이 빨리 잘되지 않아서 불안해하거나 신경질을 내거나 좌절할 때면,

아담은 내 마음에 다가와 폭풍의 눈에서 찾을 수 있는 고요함으로 되돌아가게 하는 것 같았다. 형세가 역전되고 있었다. 아담은 **내** 선생이 되어 가고 있었고, 삶의 광야를 헤매며 혼란 가운데 있는 **나**와 함께 걷고 있었으며 **나**를 이끌어 주었다.

심지어 그 이상이었다. 그와 함께하는 매일의 시간이 우리 사이에 깊은 유대를 만들었다. 그것은 내가 처음 깨달았던 것보다 훨씬 더 깊이 있는 것이었다. 아담은 내가 단순히 데이브 레이크가 아니라 나 자신에게 뿌리를 내리도록 도와준 사람이었다. 나는 아담과 가까워지고 그의 육체와 가까워짐에 따라 나 자신과 내 육체에 더 가까워졌다. 아담은 마치 나를 땅으로, 존재의 근원으로, 삶의 원천으로 잡아당기는 것 같았다. 내가 한 수많은 말이나 글들은, 나로 하여금 일상생활의 평범함과 아름다움에 접하지 못하게 하면서 항상 고상한 개념과 관점으로 가도록 유혹했다. 아담은 그렇게 내버려 두지 않았다. 그는 내게 이렇게 말하는 것 같았다. "헨리, 당신은 나처럼 육체를 **가지고 있을** 뿐 아니라, 당신의 육체가 **곧** 당신입니다. 당신의 말들이 육체에서 분리되도록 하지 마십시오. 당신의 말들은 육체가 되어야 하고 육체로 남아 있어야 합니다." 아담은 나와 관계를 맺고 있었고 내 삶의 중심이 되어 가고 있었다. 나는 아담과의 진정한 관계와 그를 향한 진정한 사랑을 경험하기 시작했다.

아담은 내게 더 이상 낯선 타인이 아니었다. 그는 친구이자 믿을 만한 동료가 되어 가고 있었다. 그는 자신의 존재 자체로 내가 알아야 하는 모든 것을 설명해 주었다. 그것은 내가 삶 가운데서 가장 열망하는 것—사랑, 우정, 공동체 그리고 깊은 소속감—이요, 그와 함께 발견해 가고 있던 것이었다. 그는 온화한 존재 자체로 우리가 함께하는 순간에 나와 의사소통을 하고 있었고, 가장 심오한 방식으로 내게 사랑에 대해 가르치기 시작했다. 나는 아담이 아주 깊은 어디에선가 자신이 사랑받고 있음을 '알았다'고 확신한다. 그는 영혼으로 그것을 알았다. 아담은 사랑을 표현할 수 없었다. 또한 우리 존재의 중심이자 사랑을 주고받는 인간의 핵심 요소인 마음도 표현할 수 없었다. 그는 그의 마음이나 내 마음 혹은 하나님의 마음이 어떻게 움직이는지에 대해 내게 말할 수 없었다. 그는 말로는 아무것도 설명할 수 없었다. 그러나 그의 마음은 온전히 살아서, 주고받을 수 있는 사랑이 가득한 채 거기에 있었다. 아담의 마음이 그를 온전히 살아 있게 했다.

나는 아담과 가까워지면서 그의 가장 아름다운 마음을 경험하는 데까지 이르렀다. 그 마음은 그의 진정한 자아, 그의 인격, 그의 영혼, 그의 심령으로 가는 문이었다. 너무나 투명한 그의 마음은 그의 인격을 보여 주었을 뿐 아니라, 우주의 마음과 실로 하나님의 마음까지 보여 주었다. 내가 수년 동안 신학을 공부하고, 반추하고, 가르치고 난 후에야 아담이 내 삶에 다가

왔고, 그는 자신의 삶과 마음으로 그동안 내가 배운 것을 선포하고 요약해 주었다.

나는 하나님의 말씀이 육신이 되었다는 말씀을 항상 믿었다. 나는 신성(神性)이 인간의 영역 가운데서 드러났으므로 이제 모든 인간적인 것들이 신성을 드러내게 될 것이라고 설교했다. 아담은 다른 사람들과 함께 예배를 드리고 내 설교를 들으러 왔다. 그는 내 앞에 앉아 있었고, 나는 그에게서 신성이 나타나는 것을 '보았다.' 나는 하나님의 말씀이 깊은 침묵 가운데서 아담의 마음에 거하셨다고 믿는다. 우리가 함께하는 시간 동안 아담은 나를 마음속 깊은 장소로 인도해 주었다. 그곳은 그와 나의 인간됨의 가장 깊은 의미가 펼쳐지는 곳이었다.

아담의 인간됨은 결코 장애로 인해 줄어들지 않았다. 아담의 인간됨은 온전한 인간됨이었다. 나를 비롯하여 그를 알아가는 다른 사람들은 그에게서 사랑이 충만한 모습을 볼 수 있었다. 그렇다. 나는 아담을 사랑하기 시작했다. 사람들 사이의 사랑에서 연상되는 대부분의 열정이나 감정, 정서들을 뛰어넘는 그런 사랑으로 말이다. 아담은 "당신을 사랑합니다"라고 말할 수 없었다. 그는 자연스럽게 나를 포옹하거나 감사의 말을 표현할 수도 없었다. 그럼에도 불구하고 나는 감히 우리가 서로 사랑했다고 말할 수 있다. 다른 사랑만큼이나 육체적이면서 동시에 진정으로 영적인 그런 사랑 말이다. 우리는 친구이자 형제였으며 마음으로 연합되어 있었다. 아담의 사랑은 순수하고 진실했다. 그것은 자신에게 손을 댄 모든 사람을 치료해 주신 예수님에게서 나타나는 신비로운 사랑과 같았다.

라르쉬의 모임이나 수련회에 갈 때마다 우리는 보통 다음과 같은 질문에 대해 묵상하게 된다. "장애인들도 받는 것만큼 주는 사람들임을 당신에게 보여 주는 사람은 누구인가? 공동체에서 당신의 마음을 사로잡는 사람은 누구인가? 장애를 가진 사람들의 삶에 헌신하도록 당신을 자극한 사람은 누구인가? 겉으로 보기에는 너무나 재미없고 하찮은 듯한 삶에 순응하도록 당신을 초대한 사람은 누구인가?" 나는 항상 "아담"이라고 대답한다. 아담은 우리에게 전적으로 의존해 있기 때문이다. 그러기에 그는 나를 존재로, 근원으로 이끌고 간다. 공동체가 무엇인가? 돌본다는 것이 무엇인가? 사랑이 무엇인가? 인생은 무엇인가? 그리고 나는 누구며, 우리는 누구고, 하나님은 누구인가? 아담은 온전히 살아 있는 모습으로 내게 이 모든 질문에 대해 빛을 비추어 주었다. 이 경험은 논리적인 설명으로는 이해될 수 없다. 그것은 하나님의 마음에서는 완전히 동등한 서로의 모습을 발견한, 너무나 다른 두 사람의 영적인 연합을 통해서만 가능한 일이다. 나는 마음으로부터 그가 진정으로 필요로 하는 보살핌을 줄 수 있었고, 그는 마음으로부터 그의 순수하고 영구적인 선물로 나를 축복해 주었다.

◇ ◇ ◇

어떻게 내게 이런 일이 일어났다는 사실을 깨달았을까?

내가 데이브레이크에 도착해서 몇 달이 지난 어느 날, 여러 해 동안 수많은 학생에게 목회 신학을 가르쳐 온 목사 친구가 나를 보러 왔다. 그가 도착했을 때는, 내가 아담에 대해 처음 가졌던 편협한 시각을 잊어버리고 완전히 변화하고 난 후였다. 나는 아담을 더 이상 낯선 타인이나 장애인이라고 생각지 않았다. 우리는 함께 살고 있었고, 그 집에서 아담을 비롯한 다른 사람들과 함께하는 삶은 아주 '일상적인' 일이었다. 나는 아담을 돌보게 된 것을 특권이라 생각했고, 손님들에게 열심히 아담을 소개했다.

내 친구가 뉴 하우스에 들어와 아담과 함께 있는 나를 보았을 때, 그는 나를 쳐다보며 이렇게 물었다. "헨리, 자네가 시간을 소모하고 있는 데가 여기인가?" 그는 혼란스러워했을 뿐 아니라 화를 내고 있었다. "아담에게 자네의 시간과 에너지를 투자하기 위해, 자네가 그렇게 많은 사람에게 영감을 주던 대학을 떠났단 말인가? 자네는 이런 일을 하기 위한 훈련도 받지 않았잖나! 이 일은 훈련받은 사람한테 맡기는 것이 어떻겠나? 분명 자네의 시간으로 할 수 있는 더 좋은 일이 있을 걸세."

나는 충격을 받았다. 마음은 질주하고 있었고, 다음과 같은 생각을 했지만 말을 하지는 않았다. "자네는 지금 내가 아담과 함께 내 시간을 낭비하고 있다고 말하는 건가? 자네같이 경험 많은 목사요, 목회 지도자가! 아담이 내 친구요, 내 선생이요, 내 영적 지도자이자 상담가, 내 목사인 걸 모르겠는가?" 그가 아담을 나와 동일한 방식으로 보지 않는다는 사실을 금방 알 수 있었다. 내 친구의 말은 그에게만 뜻이 통하는 것이었다. 그는 진정으로 아담을 '보지' 못했고, 분명 그를 알 준비도 되어 있지 않았기 때문이다.

친구는 아담을 비롯하여 우리 집에서 나와 함께 살고 있는 사람들에 대해 더 많은 질문을 했다. "유능한 사람도 살기 힘든 상황에서 심한 장애가 있는 사람들에게 많은 시간과 돈을 쓰는 이유가 뭔가?" "인류가 직면한 실제적인 문제들을 해결하는 데 투자되어야 할 시간과 에너지가 왜 이런 사람들에게 사용되어야 하는가?"

나는 친구의 질문에 대답하지 않았다. 나는 그가 가진 '문제들'을 가지고 토론하거나 논쟁하지 않았다. 나는 친구의 마음을 바꿀 만큼 지혜로운 말을 할 수 없음을 깊이 느꼈다. 매일 아담과 함께 보내는 두 시간이 나를 변화시키고 있었다. 그와 함께 있는 동안 나는 그를 돌보는 모든 활동을 넘어, 내면에서 들려오는 사랑의 목소리를 듣는다. 그 시간은 순수한 선물이요, 묵상의 시간이었다. 우리는 함께 하나님의 어떤 부분과 만

나고 있었다. 아담과 함께 나는 거룩한 존재의 현존을 알았고 하나님의 얼굴을 '보았다.'

수년 동안 나는 하나님이 예수님을 통해 우리에게 오신 역사적 사건에 대해 '성육신'이라는 단어를 사용했다. 그러나 아담과 가까워지면서, '그리스도 사건'은 오래전에 일어난 사건 이상의 의미가 있음을 깨달았다. 그것은 육체 가운데서 영과 영이 만나는 매순간 일어나는 일이다. 그것은 현재 일어나는 신성한 사건이다. 그것은 사람들 가운데서 일어나는 하나님의 사건이기 때문이다. 신성한 삶이라는 것이 바로 이런 것이다. 사람들이 '하나님의 이름으로' 서로를 만날 때마다 하나님의 성육신은 계속되고 있는 것이다. 아담과의 관계는 내게 새로운 눈과 귀를 주었다. 나는 기대했던 것보다 훨씬 더 많이 바뀌고 있었다.

나는 아담과 함께 시간을 보내고 힘을 쏟는 사람들 중 한 사람일 뿐이었다. 잠자는 여덟 시간을 제외하고는 아담은 절대로 혼자 있지 않는다. 오전 아홉 시부터 오후 네 시까지는 주간 프로그램에 참여하여, 많은 사람이 그와 함께 산책하고, 수영하고, 체육 활동을 하고, 마사지를 해 주며, 점심 식사를 도와주고, 규칙적으로 옷을 갈아 입혀 준다. 이런 모든 시간 동안 사람들은 아담과 이야기를 나누고, 그와 함께 웃고, 함께 음악을 듣고 그가 안락하고 편안하게 느끼는 장소를 만들어 준다.

네 시가 되면 그는 뉴 하우스의 집으로 돌아와 몇 시간 동안 의자에 기대 누워 낮잠을 자거나 휴식을 취한다. 그러고 나면 저녁 시간이 된다. 이 시간은 아담이 자그마한 독립심을 보여 줄 수 있는 때다. 그는 혼자서 숟가락과 컵을 드는 모습과 단단한 음식을 향한 식욕을 보여 주며 손님들을 놀라게 한다. 저녁 식사 시간이 끝나면 찬양과 기도의 시간이 있다. 사람들은 그의 손을 잡거나 그의 어깨 위에 팔을 올려놓았다. 아담의 형 마이클은 빠지지 않고 찾아오는 방문객이었다. 그도 나처럼 아담 옆에 앉아 있는 것을 좋아했고, 때로는 말을 하지만 그의 존재 옆에서 오랫동안 침묵을 지키며 행복해하고 만족해했다. 진과 렉스도 주말과 휴일이면 아담을 집에 데려가기를 좋아했고, 자주 그를 찾아와서 그와 함께 산책을 하거나 거실 혹은 침실에 앉아 있으면서 귓속말로 사랑한다고 속삭였다. 그들은 각각 아담과 관계를 맺고 있었다. 그들 각자가 평안, 임재, 안전 그리고 사랑의 선물을 받았다.

아담이 기도를 할 수 있었을까? 하나님이 누구시며 예수님의 이름이 무엇을 뜻하는지 알고 있었을까? 우리 가운데 거하시는 하나님의 신비를 이해했을까? 나는 오랫동안 이런 질문들에 대해 생각했다. 나는 오랫동안 내가 알고 있는 것을 얼마나 아담이 알 수 있는지 그리고 내가 이해하고 있는 바를 얼마나 아담이 이해할 수 있는지에 대해 알고 싶었다. 그러나 이제는 그것들이 '아래로부터' 오는 질문들임을 알고 있다. 그것은 하나님의 사랑보다는 나의 걱정과 불안이 반영된 질문들이었다. 하나님의 질문, 곧 '위로부터' 오는 질문들은 "아담이 너를 기도로 이끌도록 맡길 수 있느냐? 너는 내가 아담과 깊은 교제 가운데 있다는 사실과 그의 삶이 기도라는 사실을 믿을 수 있느냐? 아담이 너의 식탁에서 살아 있는 기도가 되도록 할 수 있느냐? 너는 아담의 얼굴에서 내 얼굴을 볼 수 있느냐?"였다.

소위 '정상적인' 사람인 내가 아담이 나와 얼마나 비슷한지를 알려고 했던 동안, 그는 어떤 비교를 할 수 있는 능력도, 필요도 없었다. 그는 그저 살아가고 있었고, 삶을 통해 자신의 독특한 은사를 주기 위해 나를 초대하고 있었다. 그것은 연약함 가운데 싸여 있었지만 나를 변화시키기 위해 주어졌다. 내가 한 일과 얼마나 많이 생산해 낼 수 있을지에 대해 염려하는 동안, 아담은 내게 "행위보다는 존재가 더 중요합니다"라고 선포하고 있었다. 내가 다른 사람이 나에 대해 어떤 말을 하는지 혹 어떤 글을 쓰는지에 몰두해 있을 때, 아담은 내게 조용히 이렇게 말했다. "사람들의 칭찬보다는 하나님의 사랑이 더 중요합니다." 내가 나의 개인적인 성취에 관심을 쏟고 있을 때, 아담은 내게 "혼자서 하는 것보다는 함께하는 것이 더 중요합니다"라고 나를 일깨워 주었다. 아담은 아무것도 만들어 낼 수 없고 자랑할 만한 명성도 없으며 어떤 상이나 트로피를 자랑할 수도 없었다. 그러나 그는 바로 삶 자체로, 내가 접한 인생의 진리를 가장 철저하게 증거해 주었다.

내 가치관이 완전히 역전되는 데는 오랜 시간이 걸렸다. 그러나 일단 한번 경험하고나자 영적으로 완전히 새로운 영역으로 들어가는 것 같았다. 이제는 예수님이 다음과 같이 하신 말씀의 의미를 좀더 분명하게 이해하고 있다. "너희 눈은 봄으로, 너희 귀는 들음으로 복이 있도다. 내가 진실로 너희에게 이르노니 많은 선지자와 의인이 너희가 보는 것들을 보고자 하여도 보지 못하였고 너희 듣는 것들을 듣고자 하여도 듣지 못하였느니라"(마 13:16-17). 복음의 위대한 역설들—곧 나중 된 자가 먼저 되는 것, 자신의 생명을 잃은 자가 그것을 얻는 것, 가난한 자가 복을 받는 것, 온유한 자가 하나님의 나라를 기업으로 받는 것—이 모두 아담을 통해 구현되었다.

이 일에 매력적이거나 경건한 것은 전혀 없다. 수많은 사람이 아담이 데이브레이크에서 산 11년 동안 그를 도왔고, 그들은 모두 그를 돌보면서 받은 선물에 대해 이야기할 수 있었다. 아담이 뉴 하우스에 왔을 때는 스물두 살이었다. 그는 날씬한 사람이 아니어서 다른 사람이 뒤에서 붙잡고 걷기에 쉽지 않았다. 또 그가 신체적으로 양호한 상태를 유지하도록 하는 많은 활동은 복잡하고 힘들었다. 여러 해 동안 데이브레이크 공동체에 사는 수많은 사람이 아담의 '일과'를 배웠다. 집에 아담을 도와줄 사람이 아무도 없을 때 언제든 도움을 요청하기 위해서였다. 아담과 함께 사는 로지, 마이클, 존, 로이 역시 많은 돌봄을 필요로 했다. 아담과 같은 시기에 뉴 하우스에 온 로지도 장애인이었다. 전신 장애뿐 아니라 심한 뇌성마비까지 있는 마이클은 움직일 때마다 도움이 필요했다. 다운 증후군이 있는 존은 혼자서 움직일 수 있었지만 정서적인 도움과 배려가 많이 필요했다. 80세의 나이로 공동체에서 가장 나이가 많은 로이는 지속적인 정서적·육체적 도움을 필요로 했다. 대여섯 명의 봉사자와 다섯 명의 핵심 구성원이 사는 뉴 하우스는 아주 바쁜 곳이고, 그곳에 살며 일하는 여러 봉사자들이 아담에 대해 항상 내가 묘사한 것처럼 생각하지는 않았다. 그러면서도 동시에 그들이 자신들을 청소부나 요리사, 기저귀 갈아 주는 사람이나 설거지 담당자로 생각하지 않을 수 있는 이유는, 그들에게 맡겨진 아담, 로지, 마이클, 존, 로이가 자신들이 받는 만큼 봉사자들에게 뭔가를 주고 있었기 때문이다. 수많은 사람이 자신의 삶의 신비와 만나고 내면의 자아가 새로워지는 것을 경험했다. 이는 그들이 돌보는 사람으로부터 어떤 영적 선물을 받을 수 있었기 때문이다.

'아담의 선물'에 대해 말하는 것이, 다른 면에서는 아주 많은 노력을 요하면서도 보답이 없는 상황을 낭만적으로 묘사한 것은 아니다. 아담의 선물은 매일의 삶의 실재였다. 월요일 아침에 제인, D. J. 그리고 다른 봉사자들이 모여 지난주와 이번 주의 활동에 대해 논의할 때면, 항상 나오는 중요한 질문은 "이번 주에 당신에게 힘들었던 일은 무엇입니까?"와 "당신이 준 선물은 무엇이며, 받은 선물은 무엇입니까?"다. 식사, 대청소, 의사 진료, 쇼핑, 시설 보수를 비롯하여 셀 수 없이 많은 일을 계획하는 중에도, 아담, 로이, 마이클, 로지, 존의 선물에 대한 질문은 항상 중요한 것으로 남아 있다. 로지나 존과 같은 사람으로부터 영적인 선물들을 풍성히 받지 못하면 오랫동안 라르쉬의 좋은 봉사자로 남아 있을 수 없다는 사실은 모두가 알고 있었다. 그들은 진정한 돌봄은 상호적인 돌봄이라는 사실을 발견해 가고 있었다. 그들이 받는 보답이 그저 작은 월급뿐이라면 그들의 섬김은 인간적으로 현상을 유지하는 것 이상은 되지 못할 것이다. 그렇게 되면 그들은 지루해지고 지치고 깊이 좌절할 뿐 아니라, 아담을 비롯한 다른 사람들도 자신의 선물을 줄 수 없고 사명을 완수할 수도 없으며 그들의 인간적인 잠재력이 온전히 성취되지도 못할 것이다.

◇ ◇ ◇

아담과 다른 핵심 구성원들은 복음을 선포하고 있었다. 아담은 우리에게, 돌보는 일의 아름다움은 주는 데 있지 않고 그로부터 받는 데 있음을 계속 상기시켜 주었다. 그는 내가 그에게 줄 수 있는 가장 큰 선물이 무엇인지 깨닫도록 내 마음을 열어 준 사람이다. 그 선물은 바로 그가 주는 귀중한 평안의 선물을 받을 수 있는 열린 손과 열린 마음이었다. 이러한 상호 교환을 통해 내가 풍성해졌고 그 역시 풍성해졌다. 나는 그에게 그가 줄 선물이 있음을 보여 줄 수 있었다. 그리고 그의 진짜 선물은 내가 그것을 환영할 때에야 선물이 되었다. 그는 만나는 사람 모두에게 자신의 선물을 아낌없이 주었고, 수많은 사람이 그것을 받았으며 그로 인해 풍요로워졌다. 그가 우리에게 계속해서 '말하는' 바에 따르면, 돌보는 것이란 주는 것만큼 받는 것이며, 요구하는 것만큼 감사를 표현하는 것이며, 자기 확신을 구하는 것만큼 그에게 주는 능력이 있음을 확인시켜 주는 것이다. 아담을 돌보는 일이란, 우리가 그를 돌볼 때 그로 하여금 우리를 돌보도록 허락하는 것이었다. 그러고 나서야 아담과 그를 돌보는 사람은 상호 관계와 풍요로움 가운데 자라났다. 그러고 나서야 아담을 돌보는 일이 부담이 아니라 특권이 되었다. 아담이 우리를 돌봄으로 우리 삶에 열매가 맺히기 때문이다.

그리고 이렇게 서로 돌보는 상황 가운데서 아담은 데이브레이크의 범위를 넘어 공생애를 살 수 있었다. 때로는 진짜 '기적'이 일어났다. 뉴 하우스에서 지내는 동안과 그 후에도 나는 사람들 가운데서 일어나는 엄청난 변화를 보았다. 그것은 아담과 만나고 난 후에 나타난 직접적인 결과였다.

페기(Peggy)의 남편이자 아홉 아이의 아버지이면서 뉴욕에서 일하는 사업가인 친구 머리(Murray)가 데이브레이크에 있는 내게 전화를 했다. 그는 친구들을 통해 나에 대한 이야기를 들었고, 내가 쓴 책도 몇 권 읽었다. 그는 내가 정신 장애인들과 함께 살기 위해 대학을 떠났다는 사실을 알고 심한 충격을 받았다. 그는 내가 글 쓰는 일을 그만두지 않도록 힘 닿는 대로 뭔가 하려 했다. 재계에 깊이 관여해 그쪽에 친구들이 많았던 그는 매년 나를 후원할 수 있도록 모임을 만들자고 제안했다. 그것은 내가 장애인들을 위한 사제로 적은 급여를 받고 있더라도 글 쓰는 일을 계속하게 하려는 의도였다.

그는 종종 이렇게 말했다. "헨리, 자네는 돈에 대해서는 아는 바가 없지? 자넨 작가일세. 돈 문제는 내가 도와줌세. 자네는 글로 우리를 도울 수 있을 걸세." 머리는 자기 아이들이 돈 버는 일과 성공적인 경력을 추구하는 데만 정신이 팔려서 자신들의 영적인 유산과 멀어질까 봐 노심초사하는 아주 종교적인 사람이었다. 그는 "자네가 우리 아이들이 하나님께 가까이 있도록 해 주게"라고 말하곤 했다.

나는 뉴욕 운동 클럽에서 머리를 처음 만났다. 그와 페기가 아일랜드에 있는 여름 별장으로 나를 초대한 후 그리고 얼마 지나지 않아 나는 뉴저지의 피팩에 있는 집 식구들 대부분을 알게 되었다. 나는 최소한 열두 명은 되는 사람들과 저녁 식사를 하던 그때를 결코 잊지 못할 것 같다. 머리가 한쪽 끝에 있었고, 나는 다른 쪽 끝에 있었다. 감사 기도가 끝난 후 머리는 이렇게 말했다. "자, 헨리, 우리 아이들(그들은 모두 20-30대였는데도)에게 이야기하게. 그리고 다시 교회에 나가도록 해 주게." 그 '아이들', 모두 자기 생각을 분명히 말할 수 있고 교육도 잘 받은 아이들은 아버지의 선의의 시도에 동정을 표하긴 했지만, 전혀 두려움 없이 그와 나에게 교회 가는 일에 전혀 관심이 없다고 말했다. 격렬했지만 사랑이 담긴 논쟁이 이어졌다. 그 자리에서는 머리가 생각했던 것보다 훨씬 많은 종교성이 입증되었던 것이다.

나는 머리의 가족과 진정한 우정을 키워 갔다. 그러던 어느 날 나는 그에게 "머리, 이제 데이브레이크로 나를 보러 올 때가 되었네. 여기 와서 나와 며칠 동안 함께 있게나" 하고 말했다. 머리는 주저했다. 자기의 임무는 나에게 계속 글을 쓰게 하는 거였지, 장애인들과 함께하는 내 삶에 연루되는 것이 아니라고 생각한 것이다. 사실 그는 내가 이 '보잘것없는 사람들'과 시간을 낭비하고 있는 것은 아닌지 의아해했다. 그러나 몇 차례의 설득 끝에 내 제안을 받아들였다. 내가 그에게 뉴 하우스에서 함께 지내자고, 그를 위해 지하의 손님 방을 준비해 두었다고 말했을 때, 그는 몹시 당황했다. "나는 호텔로 가는 것이 더 나을 것 같은데" 하고 그가 제안했지만, 나는 주장했다. "아니, 안 되네. 우리와 함께 있는 것을 좋아하게 될 걸세. 그리고 아담을 만날 기회도 있을 거고."

아담과의 만남이 머리가 나를 보러 오겠다고 생각한 이유는 아니었다. 그러나 그는 마지못해 내 제안을 따랐다. 우리가 뉴 하우스에서 즐겁고 떠들썩한 식사 시간을 보내는 동안 머리는 주의를 기울이고 있었지만 말은 거의 하지 않았다. 머리는 며칠간 나를 따라다니며 사람들을 만나고 다른 가정들도 방문하고, 나와 아담의 관계도 '관찰했다.' 너무나 놀랍게도 머리는 그 집에서 아주 편안히 지냈다. 그는 말을 많이 하지는 않았지만 그저 그곳에 있었다.

어느 날 아침 식사 시간, 머리와 내가 아담 곁에 조용히 앉아 있을 때였다. 머리는 아담의 모든 동작을 지켜보고 있었다. 아담의 입에 음식을 떠 먹여 주고 오렌지 주스 컵을 잡아 주며 그를 도와주는 내 모습 역시 지켜보았다. 그때 갑자기 내게 사무실로 오라는 전화가 왔다. 나는 곧 아담에게, 미안하지만 급히 가 봐야 한다고, 그러나 믿음직한 사람이 곁에 있을 거라고 말했다. 그러고 나서 머리에게 말했다. "나는 잠시 가 봐야 하네. 아담이 아침 식사를 마칠 수 있도록 도와주겠나? 그다음에는 다른 봉사자들이 아담의 활동을 위해 데려갈 걸세." 머리는 "그럼세" 하고 말했다. 그러나 나는 그가 얼마나 불안해했는지 알아차리지 못했다.

머리가 나중에 이야기해 주었는데, 그는 그 이후 30분 동안 아담과 함께 앉아 있으면서 아담이 자기와는 완전히 다른 장애인이 아니라, 자신과 여러 가지 연약함을 공유한 아름다운 인간임을 알기 시작했다고 한다. 머리는 아주 성공한 사업가였음에도 불구하고, 자기만의 고충, 두려움, 실패 경험, 무능함 등이 있었다. 머리가 아담 옆에 앉아 그의 아침 식사를 도와준 시간은, 그와 아담이 한 형제임을 깨닫게 된 은혜의 시간이었다. 거리감이 사라졌고, 머리의 마음속에는 깊은 연민이 생겨났다. 그리고 그를 가까이 이끌어 주고 그에게 빛을 비추어 준 아담과의 관계를 시작하게 되었다. 그다음 날부터는 머리에게 진정 새로운 날이었다. 그는 나중에 자기가 어떻게 용납받고 있고, 사랑받고 있으며 고맙게 여김을 받는다는 새로운 느낌을 갖게 되었는지 이야기했다. 아담뿐 아니라 뉴 하우스의 모든 식구들로 인해서 말이다.

머리는 데이브레이크 방문을 통해 그의 삶에서 많은 열매를 맺었다. 그는 자기의 상처와 실패를 더 잘 받아들이고, 가족과 친구들 사이에서도 자신을 조금씩 열어 보이기 시작했다. 그것은 분명 우리의 우정도 깊게 해 주었다. 그때부터 머리는 넘치는 사랑으로 아담에 관해 이야기했으며 전화할 때마다 "아담은 어떤가?" 하고 물었다.

머리는 토론토를 방문하고 나서 4년 후 갑자기 심장마비를 일으켜 세상을 떠났다. 그의 죽음은 페기와 그의 자녀들, 가족과 친구들 그리고 나에게도 아주 고통스러운 이별이었다. 나는 그의 추도 예배에서 말씀을 전하면서, 아담이 머리에게 한 중요한 역할에 대해 회상했다. 아담은 머리가 두려움 없이 자기의 연약함을 대면하도록 해 줌으로써 하나님께 가는 마지막 길을 준비시켜 준 것이다.

머리의 이야기가 전부는 아니다. 뉴 하우스를 방문한 셀 수 없이 많은 사람이 일주일이든, 하루든, 단 몇 시간을 있었든 간에 아담의 아름답고 조용한 임재에 깊은 영향을 받았다. 어떤 사람은 내게 집에 돌아가서도 계속 아담을 생각했고 친구들과도 그에 대해 이야기했다고 말했다. 아담과의 만남은 그들에게 내면이 새롭게 되는 경험이 되었다. 아담이 그들의 삶과 목표와 포부에 대해 다르게 생각할 수 있는 기회와 상황을 제공해 주었기 때문이다. 아담은 만나는 사람에게 그들만의 보이지 않는 장애를 인식하고 받아들일 수 있는 안전한 공간과 임재를 제공해 주었다. 그는 자기의 중심에서부터 평안의 빛을 주었다. 그 빛은 어려운 시기를 살아가거나 중요한 결정을 내리는 상황에서 그들을 격려해 주었다. 아담을 만나는 사람이 모두 동일한 것을 경험하지는 않았다. 어떤 사람은 평안을 경험하고, 또 어떤 사람은 자아와 대면했다. 또 다른 사람은 자기 마음을 재발견했고, 혹은 아무 의미도 발견하지 못한 사람도 있었다.

아담이 자기를 통해서 또 자기 주변에서 일어나는 일을 거의 알아차리지 못했다는 점에서 그의 사역은 독특했다. 그는 돌봄이나 사역, 치유, 섬김이란 것들에 대해 몰랐기 때문이다. 그는 어떤 개념이나 계획, 의도, 포부 같은 것이 없는 것 같았다. 그는 그저 그곳에 있으면서 평안 가운데서 자신을 내어 주었고, 자기 사역의 열매가 순수하고 풍요로워지도록 자신을 완전히 비웠다. 나는 예수님이 하신 말씀이 곧 아담의 말이 될 수 있었다고 증거할 수 있다. "예수께 그의 옷 가에라도…손을 대는 자는 다 성함을 얻으니라"(막 6:56).

아담은 진정한 스승이요, 진정한 치유자였다. 그의 치유는 대부분 상처를 인식할 수 없는 사람들을 향해 평안과 용기와 기쁨과 자유를 선포하는 내적인 치유였다. 아담은 자기의 눈빛과 자기 존재로 우리에게 이렇게 말했다. "두려워하지 마십시오. 당신의 고통으로부터 그렇게 달아날 필요가 없습니다. 나를 바라보십시오. 내게 가까이 오십시오. 그러면 당신도 나처럼 하나님의 사랑받는 자녀임을 알게 될 것입니다."

바로 이런 이유들 때문에 나는 데이브레이크가 아담이 공생애 사역을 한 장소였다고 하는 것이 과장이 아니라고 생각한다. 예수님처럼 아담도 독특한 사명을 완수하기 위해 세상에 보내심 받은 것이라고 나는 굳게 믿는다. 그는 가정에서 가족들과 함께 산 동안, 부모를 변화시키며 서로 사랑하는 가운데 자라났다. 그것은 준비였다. 데이브레이크에서는 그의 은사, 그의 가르침 그리고 그의 치유가 많은 사람에게 깊은 영향을 미쳤다. 그곳을 방문하는 사람은 물론 그와 함께 살려고 오는 사람이나 그 공동체의 다른 집에 사는 사람들 모두에게.

4장_

아담의 길

아담이 뉴 하우스에서 산 11년 동안 수많은 봉사자들이 오고 갔다. 일부는 캐나다와 미국에서 또 일부는 호주, 독일, 브라질, 폴란드, 우크라이나 등 여러 나라에서 왔다. 그들은 보통 인생의 새로운 방향을 찾고 집을 떠나 '색다른' 경험을 하려는 목적으로 한두 해 머물기 위해 왔다. 그중 소수만이 라르쉬에서 영원한 소명을 발견했고, 대부분은 변호사, 사회복지사, 심리 치료사, 간호사, 사업가가 되기 위해 떠났다.

게다가 셀 수 없이 많은 사람이 이곳을 방문했다. 뉴 하우스는 데이브레이크에서 가장 바쁜 곳 가운데 하나이지만 가장 접대를 잘하는 곳이기도 하다. "오늘 밤 저녁 식사에 초대합니다"는 익숙한 초대 인사다. 그래서 다른 데이브레이크 지부에서 왔거나 먼 도시나 나라에서 온 수많은 사람이 함께 저녁 식사 시간에 합류하여 이 독특한 가정의 아픔과 기쁨을 경험한다. 식탁은 종종 꽃과 촛불로 장식되고, 음식은 다양한 규정식을 고려하여 아주 세심하게 준비된다. 식사 후에는 대개 좋은 대화와 때로는 기도, 찬양, 음악이 있었다. 한 식탁에 열두 명보다 적은 수가 앉는 경우는 거의 없었고, 보통 그 이상이었다.

아담은 뉴 하우스에서 지내는 동안 수백 명의 사람을 만나야 했다. 새로 오는 수많은 사람은 처음 이곳의 핵심 구성원을 만날 때, 겉으로는 자기와 너무나 다른 그들을 보며 불편해하고 두려워하기까지 한다. 그러나 저녁 식탁에서 한 시간 남짓 보내면 그들의 두려움은 대부분 사라지고, 뉴 하우스에 온 대부분의 사람은 아담을 이 집의 조용한 중심으로 기억할 것이다. 어쨌든 아담은 그들의 마음과 정신에 깊은 인상을 주었다. 그들은 종종 이렇게 편지를 써 보낸다. "아담에게 나의 사랑을 전해 주십시오." "그에게 내 키스와 포옹을 보냅니다." "내가 그와 당신들 모두를 생각하고 있다고 전해 주십시오."

뉴 하우스의 저녁 식탁은 아담의 '기적'이 가장 잘 일어나는 장소였다. 그는 분명 아무것도 하지 않았다. 그는 그저 그곳에 있었다. 그러나 그가 그렇게 '그곳에 있는 것'은 깊이 있는 방식으로 사람의 마음과 영혼을 어루만졌다. 갑작스런 치유나 즉각적인 마음의 변화 같은 것은 없었다. 그러나 사람들은 그와 우리와 이 세계가 새로운 의미, 새로운 중요성, 새로운 목적을 가지고 있음을 발견했다.

 아담의 기적 중 어떤 것들은 너무 개인적이고 마음 깊숙한 곳에서 일어나서 말로 나눌 수 없을 때도 있다. 어떤 경우는 그 사람이 방문하고 몇 달이나 몇 년이 지난 후에 일어나기도 한다. 어떤 사람에게는 급진적인 방향 전환을 요구하기도 한다. 나는 아직도 뉴 하우스를 방문했던 어느 여자를 기억하고 있다. 그녀는 아담에게 똑바로 걸어가서 이렇게 말했다. "불쌍한 사람, 불쌍한 사람, 당신에게 왜 이런 일이 일어났을까요? 우리 주님이 당신을 고쳐 주시도록 기도하겠습니다." 그녀는 기도하기 위해 봉사자들에게 아담 주위로 원을 그리며 서도록 손짓했다. 그러나 그들 중 한 명이 부드럽게 그녀의 어깨를 두드리며 이렇게 말했다. "아담은 어떤 치유도 필요하지 않아요. 그는 괜찮아요. 당신이 저녁 식사를 하기 위해 오셔서 행복해할 뿐이에요. 우리와 함께 식탁에 앉으시죠." 나는 이 방문객이 아담의 어루만짐을 받을 준비가 되어 있었는지, 그의 상처 가운데서 온전함과 거룩함을 볼 준비가 되어 있었는지는 알지 못한다. 그러나 그녀는 이 집에 사는 사람 모두가 아담과 함께 아주 행복하다는 사실을 깨달았다.

 아담이 살며 존재하는 '길'은, 나는 말할 것도 없고 그와 만난 사람들의 삶에 분명 깊은 영향을 미쳤다. 브루노(Bruno) 신부와 내 친구 캐시(Cathy), 그리고 자신과 각각 관련된 세 개의 이야기가 있다.

내가 데이브레이크의 전임 사제가 되어 데이스프링(Dayspring)이라 불리는 작은 사택과 예배당이 있는 곳으로 이사하고 나서 1년쯤 후, 중년의 사제 한 사람이 안식년을 맞아 이곳에 왔다. 브루노 신부는 캘리포니아의 빅서(Big Sur)에 있는 캐멀돌러스(Camaldolese) 수도원장으로 보낸 18년의 임기를 막 마친 상태였고, 공동체에서 잠시 떠나 있는 시간이 필요했다. 그는 키가 크고 말랐으며, 짧은 수염, 상냥한 눈빛, 조용한 성향에 부드러운 말씨로 말했지만 보통 말이 거의 없었고 조금은 수줍어했다. 진짜 수사였다. 그런 그가 우리에게 온 이유가 무엇일까? 그는 데이브레이크의 소문을 듣고, 권력을 소유했던 자리에서 다시 평범한 수사로 돌아가는 과도기를 보내기에 좋은 장소일 것이라 생각했다. 그는 장애인들의 삶을 공유하기를 원했다. 그는 우리와 함께 지낸 3개월 동안 뉴 하우스에서 살았다. 그가 도착하고 나서 얼마 지나지 않아 나는 그가 종종 아담이 탄 휠체어를 밀며 좁은 길과 공공 도로를 왔다 갔다 하는 모습을 보았다. 그는 정식 봉사자가 아니라 장기간 머무는 손님이었기 때문에 시간 여유가 많았고 그 시간의 대부분을 아담과 같이 보내고자 한 것이다. 두 사람은 그저 서로의 동료가 된 것을 즐기고 있는 것 같았다.

그들이 함께 있는 것을 보며 나는 생각했다. '아담에게 이 조용하고 평온한 수사보다 더 좋은 벗이 있을까? 아담의 삶은 그의 삶과 너무나 비슷하지 않은가! 평안이 평안에게 이야기하고 있구나. 고독이 고독에게 인사하고 있구나. 침묵이 침묵과 어우러져 있구나. 이 얼마나 놀라운 은혜인가!'

어느 날 브루노 신부가 내 방을 잠시 들렀다. 나는 그에게 물었다. "당신과 아담은 어떻게 지내십니까?" 브루노는 경이로움과 기쁨으로 가득한 채 내 얼굴을 보며 말했다. "진실로 아담은 내게 주어진 선물입니다. 그는 내게 어떻게 하면 더 좋은 수사가 될 수 있는지를 가르쳐 주고 있습니다." 나는 대답했다. "무슨 뜻인지는 알겠지만 제게 좀더 구체적으로 설명해 주십시오."

브루노는 그리 말을 잘하는 편이 아니었다. 그는 뭔가를 깊이 느꼈고 그것에 대해 침묵하는 편을 더 좋아했다. 그럼에도 불구하고 그는 아담과의 경험을 설명하기를 원했다. 그는 이렇게 말했다. "수년 동안 저는 영적인 삶을 살려고 애썼고, 다른 사람들 역시 그렇게 살도록 도와주려고 노력했습니다. 저는 하나님을 위해 마음을 비워야 한다는 사실을 알고 있었습니다. 그것은 하나님과의 깊은 교제를 막는 생각, 정서, 감정, 열정들을 서서히 없애는 것입니다. 아담을 만났을 때, 저는 우리가 하나님과 더 깊이 있는 사귐을 가지도록 하기 위해 하나님이 선택하신 사람을 만난 것이었습니다. 아담과 긴 시간을 보내면서 저는 자신이 더 깊은 고독으로 이끌려 들어가는 것을 발견했습니다. 아담의 마음 가운데서 충만하신 하나님의 사랑을 만난 것입니다."

나는 아담에 대해 생각하지 않을 수 없었고, 그의 진리와 그의 삶이 브루노의 색다른 영적 경험의 원인이 되었음을 알 수 있었다. 한 수도원장, 수사들의 아버지가 아담의 인격 가운데서 안내자요, 영적인 스승을 찾은 것이다.

해가 지남에 따라 나는 아담이야말로 내가 도울 수 없는 사람을 도울 수 있는 인물이라 생각하게 되었다. 점점 더 많은 사람이 안식을 위해, 영적 지도를 받기 위해, 혹은 그저 바쁜 생활 가운데서 작은 고독과 침묵의 장소를 찾기 위해 데이브레이크로 왔다. 때때로 그들은 구체적인 고민을 가지고, 그들에게 바른 시각을 제공해 주고 고민으로부터 구해 주며 치유해 줄 수 있는 누군가를 만나기를 희망하며 이곳에 왔다. 공동체에 있는 사람들 중 일부는 무수한 방문객들의 필요에 응답하고자 노력했다. 그리고 우리는 며칠 동안의 침묵과 사랑의 공동체 가운데서 주어지는 좋은 영적 지도가 얼마나 도움이 되는지를 보며 점점 더 놀라게 되었다.

그러나 때로는 사람들이 너무 많은 것을 기대하는 것이 아닌가 하는 의구심이 생긴다. 아담이 우리를 도와주었던 경우가 그런 경우 중 하나였다. 이것은 캐시의 이야기다.

어느 날, 어두운 창문의 검은 리무진이 데이브레이크 안으로 들어오고 있었다. 차를 보고 있던 몇 사람은 아주 당황했다. "왜 저런 차를 타는 사람이 데이브레이크에 오는 거지?"

리무진이 데이스프링 앞에 서자, 키가 작고 아주 마른 한 여자가 차에서 내렸다. "저는 캐시입니다. 뉴욕시에서 왔구요. 제 문제를 해결하는 데 도움이 필요합니다" 하고 그녀가 말했다. 데이스프링의 책임자인 수 모스텔러와 나는 그녀를 집 안으로 안내했다. 우리는 "어떻게 도와드릴까요?" 하고 물었다.

그녀는 이렇게 이야기했다. "음, 솔직히 말해서, 저는 아주 침체되어 있습니다. 몇 년 동안 정신과 의사를 찾아가고 있지만, 아무런 도움도 안 됩니다. 오히려 점점 더 나빠지고 있어요. 그런데 데이브레이크에 대해 아는 제 남동생이 이야기해 주더군요. '거기 가 보는 게 어떨까요? 아마도 거기 있는 분들이 도와줄 수 있을 겁니다'라고요. 그래서 여기에 왔습니다." 그녀는 적어도 70세는 되어 보였다. 아름다운 얼굴이었고 눈에서는 약간의 생기도 느껴졌다. 그녀는 세심하게 잘 차려 입었고, 아주 침착해 보였다. 그런데 왜 침체되었을까?

수는 "좀더 자세히 이야기해 주시겠어요? 당신의 침체를 부추길 만한 사건이 있었나요?" 하고 물었다.

캐시는 대답했다. "예, 있어요. 당신에게는 이상하게 들릴지 모르지만, 나는 「뉴욕 타임즈」의 사회란에서 대통령과 영부인으로부터 백악관 오찬에 초대받은 사람들의 명단을 읽을 때마다 그 명단에 내가 없다는 사실 때문에 침체된답니다."

수와 나는 서로 바라보았다. 이 문제는 우리의 영역이 아니었다!

캐시는 말을 계속 이었다. "저는 항상 다른 사람과 비교합니다. 제가 늙어 가니까 사람들이 점점 나를 잊어버린다는 사실을 알게 되었어요. 그리고 내가 가진 돈의 반도 갖지 못했거나 내가 맺고 있는 인맥의 반만큼의 인맥도 없는 사람들이 나보다 더 매력적일 때, 저는 매우 매우 침체됩니다."

그리고 나서 그녀는 자신의 삶에 대해 이야기하기 시작했다. 세상에 널리 알려진 결혼, 그녀의 아이들, 이혼, 재혼, 바쁜 사회생활, 교회와의 관계, 자선 사업 그리고 그녀의 명성에 대해. 그녀는 이 모든 이야기를 아주 직접적으로 솔직하게 그리고 전혀 유머 감각이 없이 말했다. 그녀는 이렇게 말했다. "사람들은 늘 나에게 돈만 기대하죠. 나는 뭔가를 잃어버릴 때마다 성 앤서니 성당에 약속을 합니다. 그것을 찾으면 1,000달러를 교회에 헌금하겠다고요. 요즈음 미사에 가면 사제가 제게 묻습니다. '캐시, 이번 주에는 뭐 잃어버린 거 없나요?'"

가장 보기 드물지만 슬픈 그림이 서서히 나타났다. 여기 인간이 꿈꿀 수 있는 모든 것—돈, 명예, 인맥, 대단한 권력—을 소유한 한 여성이 진정으로 자신을 사랑하는 사람이 있는지에 대해 의심하고 있는 것이다. 부유하지만 가난한 사람. 유명하지만 자기 회의에 빠진 사람. 위대하지만 너무나 작은 사람.

수는 말했다. "당신이 그저 캐시이기 때문에 훌륭한 사람임을 믿으십니까?"

그녀는 눈물을 흘리며 말했다. "모르겠어요. 나를 둘러싸고 있는 것이 없다면 나 자신이 누구인지조차 모르겠어요. 사람들이 나를 그저 캐시로서 사랑한들 그것이 무슨 의미가 있는지도 모르겠어요. 그들이 정말 그럴까요? 종종 의심스럽습니다."

순간 그녀의 침체가 내게 와닿았다. 캐시는 우리 모두가 하는 동일한 질문을 하고 있었다. "우리가 모아 놓은 세속의 장식을 걷어 낸 진정한 모습을 안다 해도 사람들이 우리를 사랑할까? 아니면 우리가 더 이상 그들에게 쓸모없게 되면 우리를 잊어버릴까?" 이것은 정체성에 관한 중요한 질문이다. 우리는 하는 일이나 가진 것 때문에 훌륭한가, 아니면 우리의 존재 때문에 중요한가? 세상이 나를 어떤 사람으로 만들어 주기 때문에 내가 어떤 사람이 되는 것인가, 아니면 세상에 속하기 오래전부터 하나님께 속해 있기 때문에 누군가가 되는 것인가? 캐시에게는 긴 인생 여정 동안 너무나 많은 일이 일어났기 때문에, 자신이 독창적이고, 복잡하지 않으며 사랑스러운 사람이라는 사실에 접하지 못했던 것이다.

수와 나는 그녀와 이야기하면 할수록, 어떤 논증도 그녀가 자신을 사랑하는 데 도움이 되지 못한다는 사실을 깨달았다. 사실 우리도 캐시가 말한 그 함정에서 완전히 자유롭지 못했다. 우리 역시 그녀의 부와 명성에 감명을 받았다. 우리가 그녀의 진정한 영적 자아를 받아들일 수 있을까? 캐시가 우리 역시 그녀가 생각하는 다른 사람들 ― 잠재적으로 그녀를 이용하려는 사람 ― 과 같다고 생각하는 데는 그리 많은 시간이 걸리지 않을 것이다. 캐시가 자신의 사회적 감옥에서 풀려나기가 얼마나 어려운지를 알았을 때, 나는 아담이 생각났다. 그는 아마도 그녀를 어떤 식으로든 이용하지 않을 유일한 사람이었다. 그는 그녀에게 돈을 요구하지도 않을 것이고, 명성을 찾지도 않을 것이며, 누군가를 감동시킬 필요도 없었다.

나는 "캐시, 오늘 밤 뉴 하우스의 저녁 식사에 초대하겠습니다. 아담과, 그와 함께 사는 식구들과 함께하실 수 있을 겁니다" 하고 말했다. 그녀는 약간 놀라는 것 같았다. 영적인 도움을 받으려는 그녀가 왜 장애인들과 같이 식사를 해야 하는 걸까? 나는 그녀의 의심스러운 눈빛을 볼 수 있었다. 그러나 그녀는 정중하게 말했다. "가서 당신의 불쌍한 사람들을 보고 싶군요." 마지막 순간에 나는 그녀와 같이 가지 않기로 결심했다. 그녀를 유일한 손님으로 만들고 싶어서였다.

저녁 아홉 시가 되어 캐시가 식사를 마치고 돌아오기까지, 나는 내가 잘한 것인지 염려하며 그녀를 기다리고 있었다. 그러나 거실로 걸어 들어오는 그녀는 편안하고 행복한 상태였다. 그녀는 말했다. "헨리, 너무 좋았어요. 내가 진정으로 용납받고 있다고 느꼈어요. 더욱이 보호받고 환영받고 있다고요. 그들은 정말 나를 좋아하는 것 같았어요. 처음 당신이 나에게 가라고 했을 때는 사실 두려웠어요. 그러나 그곳에 가서 너무 행복했어요. 모두가 친절하고 친구 같았어요. 그리고 아담과도 인연을 맺었어요. 옆에 앉아서 그를 아주 조금 도울 수 있었거든요. 얼마나 아름다운 사람인지! 정말 저녁 내내 황홀했어요."

나는 그녀의 표현과 그녀의 눈에서 일어난 변화를 거의 믿을 수 없었다. 이 사람이 침체되어 있던 방문객이 맞는가? 나는 그녀가 손에 초코바를 들고 있는 것을 알아챘다. "음, 존한테서 초코바를 얻었군요."

"네, 저녁 식사 후 존이 일어나더니 짧은 연설을 하더군요. 나는 한 마디도 이해할 수 없었어요. 그리고 나서 우리 각각에게 숫자 하나를 말하고 입고 있는 옷 색깔을 이야기하라고 하더군요. 우리는 그렇게 했죠. 그는 손에 있는 메모장을 쳐다보더니 내가 상을 받게 되었다고 발표했어요. 그리고 내게 다가와서 입맞춤을 하고는 초코바를 주더군요. 믿을 수 없는 일이었어요. 그러나 나는 그곳에서 나를 알지도 못하는 사람들로부터 환영받고 있다는 느낌이 들었어요."

이 얼마나 큰 선물이며, 얼마나 놀라운 신비인가! 세상에서 가장 부유한 사람 가운데 하나가 초코바 때문에 깊이 감사하고 있었던 것이다. 그녀는 아담, 존, 로지, 로이, 마이클로 인해 자신이 아름다운 사람, 캐시라는 진리를 알게 되었다.

캐시는 뉴욕으로 돌아간 후 내게 전화를 걸어 이렇게 말했다. "데이브레이크에서 내게 중요한 일이 일어났다는 사실을 남편이 알고 있어요. 그는 내가 그곳에 있었을 때 우리가 무슨 일을 했는지 알고 싶어 했어요. 저는 그에게 뉴 하우스에서의 저녁 식사와 아담에 대해 그리고 존과 초코바에 대해 이야기했어요. 이전에 느꼈던 두려운 우울함은 더 이상 없어요. 내 안에 하나님에 대한 새로운 깨달음이 있어요. 나를 향한 하나님의 사랑이 있어요."

그 후 여러 해 동안 캐시와 나는 전화로 자주 대화를 나누었고, 나는 두 번 그녀의 집을 들렀다. 그녀는 내게 계속해서 확신을 주며 "데이브레이크에 방문했을 때 아주 뜻깊은 일이 일어났어요. 저는 더 이상 이전처럼 침체되지 않아요. 나 자신과 더 깊은 관계를 느끼고 있으니까요"라고 말했고, 나는 그녀가 진실을 말한다는 사실을 알 수 있었다. 그녀는 여러 육체적 질병과 많은 아픔으로 고통당했지만 침체되지 않았다.

데이브레이크를 방문한 지 8년 후 캐시가 죽었을 때, 그녀의 가족은 내게 장례 예배를 인도해 줄 것을 부탁했다. 나는 "왜 저입니까? 아는 신부들이 많을 텐데요" 하고 이의를 제기했다. 하지만 그들은 이렇게 말했다. "아닙니다. 신부님이 해 주셨으면 합니다. 캐시는 늘 신부님과 데이브레이크 공동체에 너무나 고마워했습니다." 나는 그 제안을 받아들였다. 그리고 그녀의 장례식에 참석한 여러 식구들과 친구들에게, 하나님은 캐시의 은사뿐 아니라 그녀의 연약한 부분에도 복을 주셨다고 말했다. 그녀가 아담의 치유의 선물과 존의 초코바를 기꺼이 받아들였기 때문이다. 그들이 내 말을 이해할 수 있을지 나는 잘 모른다. 하지만 나는 모든 사람에게, 가장 가난한 사람이 가장 가난한 여성을 위해 기적 같은 일을 했다고 말하고 싶었다.

마지막으로 아담의 진정한 인생길이 어떻게 나 자신을 더 깊이 이해하도록 가르쳐 주었는지, 아니 좀더 정확히 말하자면 나를 이끌어 주었는지에 대한 이야기가 있다. 나는 14개월 동안 뉴 하우스에서 살았다. 나는 그곳에 있는 것이 행복했고, 시간이

지날수록 아담과의 관계는 더 깊고 견고해졌다. 하지만 아주 고통스러운 시간이 나를 기다리고 있었다. 그것은 정말 일어나지 않았으면 했던 일이었다. 여러 해 동안 가르치는 일을 하고 난 후 데이브레이크는 나의 안식처가 되었다. 이곳에서 나는 공동체 가운데서 살 수 있었고, 기도하는 시간을 가질 수 있었으며, '가난한 사람들'을 돌볼 수 있었다. 나는 편안함을 느낄 수 있는 장소를 늘 찾고 있었다. 내가 교수로 있었던 대학들은 영적인 삶에 대한 사고를 발전시키고 수백 명의 학생과 생각을 나눌 수 있는 특별한 기회를 주었지만, 내게 안식처를 제공해 주지는 못했다. 하지만 데이브레이크는 달랐다. 나는 사랑받고 인정받고 돌봄을 받고 있다고 느낄 수 있었다. 라르쉬에 합류한 것이 올바른 결정이었는지 의심해 본 적은 한 번도 없었다.

그럼에도 불구하고 뭔가 다른 일이 일어나고 있었다. 아담을 비롯한 다른 사람들에게 가까이 갈수록 나 자신의 연약함에 다가가게 되었다. 처음에는 장애가 있는 사람과 그렇지 않은 사람이 아주 분명히 구분되는 것 같았다. 그러나 하루하루 함께 지낼수록 그 경계가 희미해져 갔다. 그렇다. 아담, 로지, 마이클은 말을 할 수 없었지만, 나는 너무 많은 말을 했다. 그렇다. 아담과 마이클은 걸을 수 없었지만, 나는 인생이 비상 사태의 연속인 양 이리저리 뛰어다녔다. 그렇다. 존과 로이는 일과 중에 도움을 필요로 했지만, 나 역시 줄곧 "도와주세요, 도와주세요"

하고 외쳤다. 그리고 용기를 내어 더 깊이 들여다보고, 나의 정서적인 필요와 기도할 수 없는 모습과 성급함과 불안함 그리고 수많은 근심과 두려움에 직면했을 때, '장애'라는 단어가 전체적으로 새로운 의미를 갖기 시작했다. 나의 장애가 아담이나 그와 함께 살고 있는 사람들의 장애에 비해 잘 보이지 않는다고 해서 덜 실제적인 것은 아니었다.

나는 뉴 하우스의 온화한 안전함이 나의 내면의 장애 주변에 세워 놓았던 수많은 방어막을 약하게 만들었다는 사실을 깨닫기 시작했다. 이렇게 서로 사랑하고 돌보며, 경쟁이나 남보다 한발 앞서려는 술수나 자신이 두드러져 보여야 한다는 압박감도 없는 환경 가운데서, 나는 전에는 볼 수 없었고 경험할 수 없었던 것을 경험했다. 나는 아주 불안정하고 궁핍하고 연약한 인간, 바로 나 자신을 만났다. 이런 관점으로 볼 때는 아담이 강자였다. 그는 항상 조용히, 평화롭게, 내면이 견고한 상태로 그곳에 있었다. 아담, 로지, 마이클 그리고 로이 모두 우리 공동체의 견고한 핵심으로서의 모습을 보여 주었다.

1987년이 끝나 갈 무렵 나는 위기로 향해 가고 있음을 깨달았다. 잠도 푹 잘 수 없었고, 생명을 주는 듯하지만 서서히 나를 질식시키는 우정에 몰입해 있었다. 그것은 마치 나의 정서적 심연을 덮고 있던 판자가 치워지고, 나를 삼키려고 기다리는 야생 동물로 가득한 협곡을 바라보는 것과도 같았다. 나는 강한 자포자기의 심정, 거부감, 궁핍함, 종속감, 절망감에 사로잡혀 있었다. 가장 평화로운 사람들과 가장 평화로운 집에서 살고 있었지만 나 자신의 내부는 요동치고 있었다.

나는 공동체에 있는 몇몇 사람에게 이야기를 했다. 처음에는 간접적으로 했지만 곧 아주 솔직하고 직접적으로 이야기했다. 그리고 곧 정신과 의사에게도 이야기하게 되었다. 모두가 똑같은 말을 했다. "당신의 악한 영을 직면할 시간이 되었습니다. 당신의 상처를 싸매고 다른 사람들이 당신을 돌보도록 해야 할 시간이 되었습니다."

그것은 나를 아주 겸허하게 만드는 제안이었다. 나는 뉴 하우스와 공동체를 떠나야 했다. 그곳은 새로운 힘과 새로운 평안을 찾으려는 희망 가운데서 내 고뇌를 극복하며 살 수 있었던 곳이었다. 이 모든 것이 무슨 의미였는가? 나는 알지 못했다. 나는 공동체에 살면서 아담을 돌볼 수 있게 되었다. 그러나 이제 아담을 다른 사람에게 맡기고 나 자신의 장애를 인정할 때가 되었다.

나는 자랑할 것이 아무것도 없을 때조차도 사랑받는 자임을 믿고자 하는 인간 본연의 분투의 길을 가고 있었다. 그렇다. 나는 명성이 자자한 대학을 떠났지만, 이 삶은 내게 만족을 주었고 나를 칭찬받게까지 했다. 그렇다. 나는 가난한 사람을 돕고 있었으므로 훌륭하고 고귀하기까지 한 사람으로 여겨졌다.

그러나 마지막 버팀목마저 무너진 지금 나를 향한 도전은, 내가 보여 줄 것이 아무것도 없을 때에도 여전히 하나님의 사랑받는 자녀라는 사실을 믿으라는 것이었다.

나는 이러한 정서적인 고뇌를 겪으며 지내는 동안 나 자신이 아담처럼 되어 가고 있다는 사실을 깨달았다. 그는 자랑할 것이 아무것도 없었다. 나 역시 그랬다. 그는 전혀 아무것도 없었다. 나 역시 아무것도 없었다. 그는 한시도 쉴 틈 없이 보살핌을 받아야 한다. 나 역시 그랬다. 나는 이렇게 '아담처럼 되는 것'에 저항하고 있었다. 나는 의존적이거나 나약한 사람이 되기는 싫었다. 그렇게 궁핍한 사람이 되고 싶지 않았다. 그럼에도 불구하고 나는 어디에선가 아담의 길, 곧 철저한 연약함의 길은 또한 예수님의 길이기도 하다는 사실을 깨달았다.

데이브레이크를 떠나 있던 몇 개월 동안 나는 많은 인도자의 도움으로 내면에서 들려오는 부드럽고 온화한 목소리를 들을 수 있게 되었다. "너는 내가 사랑하는 자녀요 내가 기뻐하는 자다"라는 목소리를. 오랫동안 나는 그 목소리를 믿지 않았다. 계속 나 자신에게 이렇게 말했다. "그것은 거짓말이야. 나는 진실을 알고 있어. 내게는 사랑받을 만한 것이 하나도 없어." 그러나 내게는 그 음성을 들을 수 있도록 격려해 주고 그 목소리를 더 강하게 해 준 인도자들이 있었다. 결국 그 목소리를 신뢰할 수 있었을 때에야 나는 데이브레이크로 돌아가 그곳에서 내 삶을 지속할 준비가 되었다.

공동체는 내게 뉴 하우스로 돌아가라거나 계속해서 아담과 함께 일하라고 요구하지 않았다. 내가 아담을 도우면서 보냈던 친밀한 시간은 이제 끝났다. 다른 사람이 내 자리를 대신했다. 공동체는 내가 데이브레이크의 사제 되어 사역을 확장하기를 원했다.

나는 스스로 되돌아보면서, 내가 돌아온 후 아담과의 관계가 변화되었음을 알게 되었다. 14개월 동안 그는 나의 스승이요 인도자였다. 그는 내가 데이브레이크 공동체에 뿌리를 내리도록 해 주었고, 내 마음을 열어 연약함이라는 선물에 다가가게 해 주었으며 나 자신의 심연과 대면하도록 이끌어 주었다. 이제 내부에서 들려오는 사랑의 목소리를 발견하고 그 목소리를 신뢰하게 된 이상, 나는 더 이상 계속해서 그와 같이 있을 필요가 없어졌다. 우리는 이제 친구가 될 수 있었고, 같은 공동체의 구성원이요, 하나님을 향해 함께 인생 여정을 걷는 동반자가 될 수 있었다. 우리의 부족한 모습이 서로를 어루만졌고, 우리 관계는 온전해졌다.

나는 여전히 뉴 하우스의 특별한 친구였다. 나는 시간이 날 때면 그곳에 식사하러 갔고, 내게는 항상 아담의 옆자리가 주어졌다. 아담의 생일 축하 파티가 있으면 그를 돕는 봉사자들은 항상 나를 초대했다.

브루노, 캐시 그리고 나는 아담의 진리와 삶의 선물을 받은 여러 사람 중 세 명일 뿐이다. 예수님이 빌립에게 "나를 본 자는 아버지를 보았[다]"고 말씀하신 것처럼, 우리도 아담 안에서 하나님의 임재를 어렴풋이 감지하는 특권을 누렸다(요 14:9). 나는 하나님이 예수님을 보내신 것처럼, 아담 역시 은혜의 도구요, 치유의 근원이요, 새로운 기쁨의 이유가 되도록 하시기 위해 우리에게 보내셨다고 믿는다. 그는 너무나 온전하고, 너무나 평화롭고, 조용하며, 숨을 거칠게 쉬고, 손가락도 쉴 새 없이 움직여 댔다. 그리고 자기가 얼마나 특별한지는 전혀 알지 못했다.

두려움, 불안, 고독, 우울, 상실감 등에 오염되어 있는 사회에서 우리는 인도자를 찾아다닌다. 우리는 누군가―구루, 영적 지도자 혹은 영혼의 친구―가 우리를 도와 혼란에서 벗어나게 하고, 내적인 완전함, 자유, 평안에 이르는 길을 보여 줄 수 있으리라고 기대한다. 우리는 대개 명성 있고, 지혜롭고, 심리적인 통찰력과 영적 민감함과 견실한 인생 경험이 있는 사람들을 찾는다. 아마도 문제는 우리가 너무 많은 것을 기대하고, 그들 역시 많은 것을 주고 싶어 한다는 사실인 듯하다. 따라서 우리는 의존하게 되고 그들은 지배하게 된다.

아담은 내가 만난 인도자 중에 가장 비지배적이며 가장 의존적인 사람이었다. 아마도 그래서 나는 그의 길에 대해 확신을 가질 수 있는 듯하다. 나는 그가 예수님이 행하신 기적과 똑

같은 기적을 행할 수 있으리라 믿는다. 그는 스스로를 위해서는 그 어느 것도 요구하지 않았기 때문이다. 그는 돈이나 명예 심지어 감사의 표시조차 요구하지 않았다. 아담은 그렇게 철저한 무력함 가운데서 브루노와 캐시 그리고 무엇보다도 나 자신을 위한 하나님의 치유하시는 능력의 도구가 되었을 뿐이다.

5장_

아담의 수난

'수난'(passion)이라는 단어는 '…을 당하다'는 뜻의 라틴어 동사 '파티오르'(*patior*)에서 유래했으며, '수동적인'(passive)이라는 단어와 관련되어 있다.

예수님의 수난은 수많은 활동 이후에 주어졌다. 그분은 3년 동안 이 마을에서 저 마을로, 이 도시에서 저 도시로 다니며 복음을 선포하고, 가르치고, 사람들의 질문에 대답하고, 병든 자를 고치시며, 외식하는 자들과 맞서 싸우시고, 슬픔에 잠긴 자들을 위로하시고, 죽은 자에게 다시 생명을 주셨다. 그분이 가시는 곳마다 그분을 칭송하고 그분에게 귀 기울이며, 도움을 요청하는 많은 무리가 있었다. 예수님은 몇 해 동안 그토록 강렬하고 숨 가쁜 삶을 사시면서도 스스로 모든 상황을 통제하고 계셨다. 그분은 옳다고 느끼실 때만 오고 가셨다. 제자들은 그분의 지도력을 받아들였고, 그분이 가시는 곳마다 따라다녔다.

그러나 겟세마네―감람산―에서 이 모든 활동이 갑자기 끝났다. 그곳에서 예수님은 고난받으시기 위해 제자 중 하나에 의해 넘겨지셨다. 바로 그곳에서 예수님의 수난이 시작되었다. 그 순간부터 그분은 더 이상 아무것도 **하실** 수 없었다. 모든 것이 그분에게 행해졌다. 그분은 체포되었고, 옥에 갇혔으며, 헤롯과 빌라도 앞에 끌려가셨고, 채찍질을 당하셨고, 가시관이 씌워졌으며, 지고 갈 십자가가 주어졌고, 옷이 벗겨지고, 십자가에 못 박히셔서 죽을 때까지 조롱받으셨다. 그분은 더 이상 행동할 수 없었다. 그저 다른 사람에 의해 수동적으로 당할 뿐이었다. 그것은 전적인 수난이었다.

예수님의 삶의 위대한 신비는 그분이 행동이 아닌 수난으로 사명을 완수하셨다는 것이다. 그분이 행하신 것이 아닌 그분에게 행해진 것으로, 스스로의 결정이 아닌 그분에 관한 다른 사람의 결정으로 사명을 완수하셨다는 것이다. 그분이 "다 이루었다"고 외치신 순간도 십자가에 달려 돌아가실 때였다.

아담은 삶 전체가 수난이었다. 모든 것이 그를 위해, 그에게, 그와 함께, 그 주위에서 행해지고, 그는 그 모든 것을 받은 고난의 삶을 살았다. 그의 삶은 무엇보다도 다른 사람의 행동과 결정에 완전히 의존된 고통스런 것이었다. 몇 가지 일―침대에서 뛰어내리기, 계단으로 진공청소기 밀기, 숟가락이나 컵 들어 올리기 같은-에서만 주도권을 잡을 수 있을 뿐, 어디로 갈지, 누구와 함께 있을지, 무슨 일을 할지 결코 결정할 수 없었다. 아담은 삶의 모든 순간에 다른 사람이 그를 위해 행동해 주도록 기다려야 했다.

건강이 비교적 안정적이었던 때가 몇 년 있었지만, 항상 중요한 문제는 '어떻게 그의 간질 발작을 억제시킬 수 있을까?'였다. 그는 매일 발작으로 고생했다. 어떤 때는 발작이 그를 너무나 지치게 해서 침대에 누워 몸을 회복해야 했다. 간질을 막는 약물 치료로 발작을 억제시킬 수는 있었지만, 부작용과 다른 불편들이 생겨났다. 약물이 그의 에너지를 앗아 가 버렸기 때문에 그는 변비와 졸음에 시달렸고 행동이 둔해져서 무슨 일을 하든 시간이 오래 걸리는 데다 각 기관은 독소로 가득 찼다. 약물 치료의 균형을 잡기 위해서 병원에도 자주 가야 했다. 약에 중독되었을 때는 병원에서 세심한 관찰을 받으며 시간을 보내야 했다. 담당 의사가 간질을 막는 약의 적정량과 강도를 결정하기 위해서였다. 그러나 투약 프로그램이 그의 심장을 약하게 만들고 있었다는 사실은 그가 죽을 때까지 아무도 몰랐다.

우리는 그의 육체적 혹은 정서적 아픔이나 고통에 대해 대부분 알지 못한다. 아마도 아담의 가장 큰 고통 중 하나는 자기를 괴롭게 하는 것에 대해 누구에게도 말할 수 없었다는 것인 듯하다. 예를 들어, 렉스나 진이 아담의 치아가 잇몸 속으로 사라져 버린 것을 알아차렸을 때에는 그를 위해 신속한 조치를 취할 수 있었지만, 아담이 보청기를 착용했을 때나 약물을 과다복용했을 때는 문제를 알아차리기가 더 어려웠다. 분명해 보이는 그의 불편함의 원인들을 찾는 데는 수많은 추측이 필수적이었다는 뜻이다.

그의 건강은 대개 약했고, 기복이 심했다. 호흡은 늘 힘들고 거칠었으며 불규칙했다. 호흡하는 것만으로도 그는 너무나 많은 에너지를 소모했고, 이 문제는 나이가 들면서 더 악화되었다. 감기나 독감에 걸릴 때면 힘과 에너지를 다시 얻기 위해 오랜 회복 시간이 필요했다.

1994년 가을, 아담은 아주 심하게 아팠다. 어느 누구도 문제가 정확하게 뭔지 알지 못했지만, 그는 리치먼드힐에 있는 요크 센트럴 병원 응급실로 급히 옮겨졌다. 내가 좀 늦게 도착했을 때는 렉스와 진이 이미 그곳에 있었고, 뉴 하우스의 책임자인 앤 패빌로니스(Ann Pavilonis)가 간호사, 의사와 이야기를 하고 있었다. "양측성 폐렴에 걸렸습니다." 앤은 돌아와서 내게 이렇게 말했다. "의사들이 병을 고칠 수 있을지 확신할 수 없다는군요." 우리는 아담의 침대 주위에 모였다. 그는 몇 개의 모니터에

연결되어 있었고 의식이 없어 보였다.

앤이 말했다. "의사는 진과 렉스에게 위급한 상황일 때 아담에게 인공 호흡기를 끼워도 될지 물었어요." 잠시 후 우리는 함께 이야기했다. 렉스와 진은 아주 분명했다. "우리는 아담이 가능한 한 오래 살고, 가능한 한 고통스럽지 않기를 원합니다." 그들은 일시적인 조치로만 인공 호흡기를 사용하기를 원했다. 그들은 아담이 남은 생애를 그런 기구에 의존해서 사는 것을 상상할 수 없었다. "그 아이는 이미 충분히 고통을 받았어요"라고 진이 말했다.

그러나 아담은 죽을 준비가 되어 있지 않았다. 다음 날 그는 훨씬 좋아졌고, 일주일 후 집으로 돌아왔다.

나는 그 사건으로 아담의 건강이 얼마나 약한지 처음으로 깨달았다. 나는 그를 잃는 것에 대해 전혀 심각하게 생각해 보지 않았다. 아담은 겨우 33세였고, 많은 의학적 치료를 필요로 했지만, 오래 살 만큼 강해 보였다. 그러나 아담은 여전히 너무나 약했고, 그때의 양측성 폐렴에서 완전히 회복되지 못했다. 우리는 그가 죽음 가까이까지 갔었다는 것을 알아차렸고, 그의 인생이 얼마 남지 않았을지도 모른다는 생각을 하게 되었다. 계속해서 이런 가능성을 생각한다는 것은 정말 힘들었다. 그래서 우리는 때로 이를 잊어버렸다. 뉴 하우스의 책임을 맡은 간호사였던 앤만 예외였다. 아담은 그 집의 중심이었고, 그가 점점 약해지는 것은 앤의 주요 관심사였다. 의사들은 그녀에게 아담을 더 건강하게 하기 위해 할 수 있는 일은 아무것도 없다고 말했지만, 아담의 심장에 대해서는 그리 많은 이야기를 하지 않았다. 삶은 계속되었지만, 여러 달 동안 아담은 주간 프로그램에 갈 수 없었고, 하루의 대부분을 침대나 그 가정의 중심인 거실의 그의 의자에서 보냈다. 신실하고 사랑 많은 부모인 렉스와 진은, 아들이 수난의 마지막 단계에 들어갔음을 알고 더 자주 왔다.

집에서나 주간 프로그램에서 그를 도운 봉사자들은 무척 놀랐다. 누군가 항상 아담과 함께 있었기 때문에 근무 명부를 작성하기가 어려웠던 것이다. 그러나 그들은 '자유 시간'의 일부를 잃어버린 것에 대해 불평하지 않았다. 그들 각자가 아담과 함께 오랜 시간을 보냈다. 아담이 너무 약해서 아무것도 할 수 없을 때 그에게 음식을 먹였고, 옷을 갈아 입혀 주었고, 그가 즐기는 특별식을 해 주기 위해 방법을 고민했다. 아담의 연약한 상태가 심각하게 지속되자 때로는 그들 역시 두려워했다. 그들에게는 직접적으로 아담을 보살필 책임이 없었기 때문에 특히 더했다. 그들은 모두 젊은 사람이었고 그들 중 대다수는 만성적인 질병에 걸렸거나 죽어 가는 사람 가까이에 가 본 적이 없었다. 그들은 "그가 발작 증세를 일으키며 깨어나지 못하면 어쩌지? 집에 나 혼자 있을 때 아담이 죽으면 어쩌지? 아담을 목욕시켜 주고 있을 때 기절하면 어쩌지? 밤에 무슨 일이 일어나면 어쩌지?" 하고 질문했다. 이것들은 모두 그들의 진정한 관심사였고, 아담보다는 그들 자신과 더 관계가 있는 것이었다. 그러나 그들은 아담을 위해 그곳에 있을 수 있다는 확신이 필요했다. 몇 달 동안 조금 호전의 기미를 보였을 뿐이지만 우리 모두가 응급실에 간 일은 없었으므로, 우리 중 일부는 아담의 불확실한 건강 상태에 익숙해졌다.

진, 렉스, 마이클과 아담은 항상 함께 가족끼리 크리스마스를 보냈다. 그들은 여러 해 동안 그들에게 중요한 전통을 세워 놓았다. 크리스마스 이브에는 나무 장식을 하고 뜨거운 사과차를 마셨으며 마이클은 나무 아래에 아름답게 포장되어 있는 선물들을 관찰했다. 크리스마스에는 선물과 저녁 만찬이라는 두 가지 행사가 중요했다.

그해에 아담은 너무 약해져서 크리스마스에도 집에 갈 수 없었다. 크리스마스 저녁 식사 후 마이클과 그의 부모는 아담을 보기 위해 뉴 하우스로 왔다. 그들은 크리스마스 다음 날 뉴 하우스에서 함께 지냈다. 그것은 아담이나 그의 부모에게나 쉽지 않은 일이었다. 아담은 너무나 괴로워했고, 호흡도 거칠었으며 너무 피곤해했기 때문이고, 게다가 그가 없는 크리스마스는 전과 같지 않았기 때문이다.

1년 후인 1995년 크리스마스 날에는 아담이 또다시 한 차례

폐렴에 걸려서 병원에 갔다가 막 돌아왔으며, 다시 너무 약해져서 집으로 갈 수 없었다. 진과 렉스는 크리스마스에 뉴 하우스로 와서 마이클과 아담과 함께 그곳에서 지내기로 결정했다. 진은 칠면조만 빼고 모든 준비를 다 해 왔고, 아담의 친구이자 봉사자였던 존 데이비드(John David)는 아네트 가족을 위해 칠면조 가슴살 요리를 해 주었다. 가족이 함께 저녁 식사를 할 수 있도록 다른 모든 사람도 남아 있었다. 공동체에 속한 약 서른다섯 명의 사람이 바로 옆에 있는 데이브레이크의 대강당에서 저녁 식사를 했다. 진은 그해 크리스마스가 그 전해보다 좋았다고 회상했지만, 아담은 너무 약해서 그의 의자에 앉혀 놓고 먹여 주고 싶었다고 했다. 하지만 렉스는 아담이 식탁으로 오고 싶어 할 거라 생각했다. 저녁이 준비되자, 아담의 아버지는 아담을 식탁으로 데리고 왔고, 가족은 함께 식사를 즐겼다. 아담은 혼자서 먹을 수 있었고 완벽하게 식사를 즐겼다. 이전에 그랬던 것처럼!

아담 주위에서 이루어진 어떤 활동도 그의 수난을 줄이지는 못했다. 그는 완벽하고도 철저한 의존 상태로 살았다. 그는 철저한 연약함 가운데서 빛과 평안을 발산하며, 다른 사람의 손에 완전히 자신을 맡긴 채 그 운명을 따르는 것 같았다. 오늘 나는 그 사실에 대해 생각하면서, 우리가 얼마나 그가 수난의 끝에 다가가고 있었다는 사실에 직면하고 싶지 않았는지를 깨닫는다.

내게는 아담의 수난이 의미심장한 예언적 증거였다. 그의 삶 그리고 특별히 그의 수난은, 개인주의·물질주의·관능주의가 주도하는 사회 규범에 자신을 빼앗기는 우리 모두를 철저하게 비판했다. 아담은 철저히 의존된 상태였으므로, 우리가 주위에서 사랑의 공동체를 이루며 살 때에만 그는 온전한 삶을 살 수 있었다. 우리를 향한 그의 위대한 가르침은 다음과 같다. "당신들이 사랑으로 나를 둘러싸고 있을 때에만, 곧 당신들이 서로 사랑할 때에만 나는 살 수 있습니다. 그렇지 않으면 내 삶은 쓸모없고 나는 짐이 될 뿐입니다." 아담은 우리에게 경쟁이 아닌 긍휼만이 인간의 소명을 완수하는 길이라고 믿도록 분명하게 도전했다. 이러한 도전은 우리로 하여금 개인적이고 행동 지향적인 삶의 기본 전제들을 재점검하도록 해 주었다.

우리 삶의 아주 큰 부분—가장 큰 부분은 아닐지라도—이 수난이라는 것은 진리다. 우리는 모두 독립적이고 자기 충족을 위해 자기 뜻대로 행동하기를 원하지만, 사실은 오랫동안 다른 사람의 결정에 의존한다. 어려서 경험이 없을 때나 늙어서 궁핍할 때는 물론, 강하고 독립적인 때도 그렇다. 우리의 성공, 부,

건강, 인간 관계의 본질적인 부분은 우리가 거의 혹은 전부 제어할 수 없는 사건이나 상황의 영향을 받는다. 우리는 가능한 한 오랫동안 행동하려는 환상을 고수하려 하지만, 결국 수난이 삶의 진로를 결정한다. 우리에게는 수난의 시기 동안 우리를 지탱해 주고 그래서 사명을 성취하도록 도와주는 사람들, 사랑하며 돌보아 주는 사람들이 필요하다. 나는 그것이 아담의 수난의 궁극적인 의미라고 생각한다. 그것은 항상 조용하고 관대하게 삶의 진리를 받아들이라는, 우리가 강할 때 사랑을 주고, 약할 때 다른 사람의 사랑을 받으라는 혁신적인 부르심이다.

6장_

아담의 죽음

아담이 처음으로 폐렴과 한판 승부를 하고 몇 달이 지난 1995년 9월에 나는 안식년을 맞아 데이브레이크를 떠났다. 그 전해는 데이브레이크 공동체가 25주년을 맞아 온통 축제 분위기였다. 나는 내면을 새롭게 하고 글을 쓸 수 있는 휴식 시간이 필요하다고 생각했다.

그러나 데이브레이크 공동체를 떠나기는 쉽지 않았다. 나는 그곳의 핵심 구성원들과 봉사자들의 일상생활과 깊은 관계를 맺고 있었던 것이다. 뉴 하우스에 도착해서 아담을 소개받은 지도 이제 9년이라는 세월이 흘렀다. 그럼에도 불구하고 거기서 몇 걸음 물러나, 목회 사역을 정리하고 인생의 마지막 단계에 대해 생각할 시간이 된 것이다.

크리스마스 즈음에 나는 유럽에서 93세가 되신 아버지와 몇 주간을 지내고 있었는데, 그때 앤 패빌로니스로부터 아담의 건강이 좋지 못하다는 소식을 들었다. 크리스마스에도 집에 갈 수 없었고 공동체의 축하 모임에도 참석할 수 없었다는 것이다. 아담과 그의 가족은 뉴 하우스에서 함께 크리스마스를 보냈다. 아담은 너무 약해져서 주간 프로그램에도 참석할 수 없었다. 훌륭하고 유능한 간호사인 앤은 내게 이렇게 말했다. "의사들의 말에 따르면 아담은 심장이 팽창해서 오래 살 수 없을 거라더군요. 그는 너무 약해요. 우리는 모두 앞으로 다가올 날들을 두려워하고 있어요. 그를 잃을까 봐 두려워요.…우리가 잘 지낼 수 있도록 기도해 주세요."

그 후 아담, 그의 부모, 뉴 하우스에 있는 사람 모두 너무나 힘든 몇 주를 보냈다. 아담은 꽤 여러 번 병원을 왔다 갔다 했고, 일주일 내내 병원에 입원한 적도 두 번이나 있었다. 말을 못 하는 뉴 하우스의 식구 로지와 마이클이 이번 기회에 아담을 불쌍히 여기며 그와 진정 깊이 사귀며 지냈다는 소식도 들었다. 그들은 10년을 함께 지냈고, 서로 깊은 유대 관계를 맺고 있었다. 죽음을 두려워하는 듯한 로이와 존은 아담에 대해 말하는 것을 꺼려했지만, 그들 역시 아담의 상태가 악화되고 있다는 것을 알았고 아담에 대한 모든 대화와 주위에서 일어나는 모든 움직임을 아주 주의 깊게 살폈다. 아담과 관계를 맺고 있던 봉사자들은 그를 집에서 보살피고 싶어 했지만, 그의 상태가 너무 불확실해서 그것은 그에게나 그들에게나 유익하지 않으리라는 것을 알게 되었다.

아담은 2월 초순경에 위험한 상태로 병원으로 옮겨졌다. 의사들은 진과 렉스와 앤에게 아담의 심장이 아주 쇠약하고 근육은 조각 나 있다고 말했다. 심장 이식으로도 부족하고, 아담을 구할 수 있는 것은 아무것도 없었다. 아담의 부모에게는 너무 놀랍고 절망적인 소식이었다. 의사들이 아담의 심장이 나쁘다는 말을 한 적이 없었기 때문에 그들은 아담의 상태가 그렇게 심각하다는 것을 알지 못했다. 그들은 아담을 그렇게 일찍 보낼 준비가 되어 있지 않았다. 렉스는 이식 요청을 진지하게 고려해 보았지만 그것으로도 아담의 삶의 질이 개선되지 못하리라는 것을 알고 있었다. 마지막 희망도 포기한 렉스는 자기 앞에 다가와 있는 엄연한 현실에 맞서야 했다. 렉스와 진은 대부분의 시간을 병원에서 보내며 아담이 숨을 쉬도록 그를 격려했다. 그러면 아담은 오랫동안 숨을 멈추었다가 다시 숨을 쉬곤 했다. 그들은 계속해서 아담을 부르며 살아야 한다고 말했고, 할 수 있다고 격려했다. 아담은 듣고 있었고, 살아야 한다는 그들의 깊이 있고 사랑스러운 초대에 반응을 보이기 위해 최선을 다하고 있었다. 아담이 절대로 혼자 있지 않도록 봉사자들은 교대로 밤을 새며 함께 있어 주었다.

2월 12일 월요일 이른 아침에 앤은 아담과 연결되어 있는 모니터가 일직선을 그리고 있는 모습을 보았다. 의사가 도착했을 때는 이미 심장 박동이 멎어 있었다. 그래서 그는 모니터를 끄고 아담은 심장마비로 죽었다고 말했다. 간호사는 방을 떠나기 전에 앤이 아담의 몸에 가까이 있을 수 있도록 침대를 낮추어 주었다. 앤은 이렇게 회상했다. "그들이 떠나자마자 나는 침대를 흔들며 아담에게 말하기 시작했어요. 내가 했던 말을 다 말씀드릴 수는 없습니다. 제 언어가 너무 과격했거든요. 하지만 나는 기본적으로 분명한 단어들로 말했어요. 부모님이 아직 오시지 않았다고, 그분들이 오실 때까지 죽어서는 안 된다구요! 저는 그분들이 오시는 중이라는 것을 알고 있었어요. 나는 그의 가슴을 문지르며, 그가 내 말을 들을 수 있도록 그를 부르며 크게 말했어요! 몇 분이 지나자 아담은 깊은 한숨을 쉰 다음 숨을 쉬기 시작하는 거예요! 나는 그에게 '곧 가야 한다는 것을 분명히 알고 있군요. 하지만 부모님이 당신을 보고 작별 인사를 하기 전까지는 가서는 안 돼요' 하고 말했어요. 나는 간호사를 불렀고, 그녀는 자기 눈을 믿을 수 없다는 듯이 의사를 불렀어요. 그는 내게 아담이 살 수 있는 희망이 전혀 없으니 그를 보내 줘야 한다고 했어요. 하지만 나는 아담은 부모님이 도착하실 때까지 살아 있어야 한다고 말했어요. 의사는 놀라서 '아니, 어머니가 아니셨어요?' 하며 물었어요. 나는 '아닙니다. 부모님은 오시는 중이에요' 하고 말했고요. 의사는 고개를 갸웃거리며 떠나면서 잠시 후에 들르겠다고 하더군요." 진과 렉스가 도착했을 때 아담은 전처럼 숨을 쉬고 있었다.

그러는 동안 데이브레이크 식구들은 아담이 죽어 간다는 소식을 들었다. 아담을 위한 주간 프로그램에 참석하는 사람들은 모두 데이브레이크의 강당에 모여 아담에게 작별 인사를 하기 위해 교대로 갈 준비를 하고 있었다. 프로그램에 참석하는 각 사람이 모두 심한 장애를 가지고 있었기 때문에 봉사자들은 누가 휠체어 차를 가장 먼저 타고 누가 열한 시까지 기다릴지를 의논했다. 그들은 트레이시와 마이클이 먼저 가야 한다는데 동의하고 그들의 외투와 휠체어를 준비했다. 하지만 나중에 가기로 되어 있던 로지가 외투를 반쯤 걸치고 이미 휠체어를 현관 앞까지 밀고 나간 것은 알아차리지 못했다.

아담처럼 로지도 말을 하지 못했다. 그녀는 요양원에서 여러 해를 살다가 25세가 되어서야 걷는 법을 배웠다. 로지는 사람들에게 아주 가까이 가는 법이 없었고, 뚜렷한 이유 없이 가끔 소리를 질렀다. 그녀는 세상과 동떨어져 사는 것 같았다.

트레이시와 마이클이 떠날 채비를 마쳤을 때, 휠체어를 탄 로지가 현관을 막고 있었다. 캐시(Kathy)는 부드럽게 그녀를 들어 올리면서, 그녀는 좀더 기다려야 한다고, 하지만 열한 시에는 갈 수 있을 거라고 말했다. 캐시는 로지를 강당으로 데려다 주고 그녀의 의자도 뒤로 옮겨 놓았다. 그러고 나서 다시 가는데 전화벨이 울려서 멈춰 서게 되었다. 2분 후에 돌아왔을 때 휠체어에 앉아 현관을 막고 있는 사람이 누구였겠는가? 바로 로지였다.

캐시는 그녀에게 물었다. "로지, 뭔가 할 말이 있어요?" 그녀는 기다렸고, 캐시가 그녀를 강당으로 데려다주려 하자 그녀는 의자에 달라붙어 떨어지지 않았다. "지금 가도 좋아요. 하지만 로지, 병원에 가서 큰 소리를 내면 안 돼요. 아담은 아주 많이 아프고 우리는 작별 인사를 하려는 거예요. 로지가 큰 소리를 내면 병원에서는 우리 모두를 가라고 할 거고 다른 사람들도 들어갈 수 없을 거예요. 괜찮겠죠?" 로지는 의자만 꼭 붙들고 있었다. 로지는 "제발, 저는 지금 가고 싶어요"라고 말하는 것 같았다.

가족들은 물론 간호사들도 아담에게 작별 인사를 하러 오는 사람들의 행렬에 대해 예측할 수 없었지만, 사람들을 위해 허락했다. '큰 소리'에 대해 주의 깊게 경고를 받은 로지는 방으로 휠체어를 밀고 들어가서 아담의 침대 옆에 섰다. 그녀는 조용히 아담의 눈을 똑바로 바라보았다. 아담은 돌아보는 것 같았다. 그녀는 팔을 뻗어 아담의 손을 잡고 거의 2분 동안 그의 눈을 쳐다보았다. 그녀가 전에 이렇게 행동하는 것을 본 사람은 아무도 없었다. 그녀는 부드럽게 아담의 손을 침대로 돌려놓고, 자기 의자에 기대 누워서 갈 준비를 했다. 로지와 아담은 서로에게 작별 인사를 한 것이다. 로지는 떠날 준비가 되었다.

그날 아침 매사추세츠주의 워터타운에 있던 나는 데이브레이크에서 내 비서로 있는 캐시로부터 전화를 받았다. 그녀는 아담이 아주 심각하며 이번에는 살아날 희망이 거의 없다고 말했다. 몇 시간 후 나는 토론토로 가는 비행기를 탔다.

나는 아담의 병실로 들어가자마자 나의 사랑스런 친구가 누워 있는 것을 보고 깊은 감동을 받았다. 그는 분명 우리와 함께 마지막 시간을 보내기 위해 살아 있었다. 나는 그의 이마에 입맞춤을 하고 그의 머리를 쓰다듬었다. 눈은 뜨고 있었지만 나를 알아보는지는 확실치 않았다. 렉스와 진, 앤은 나를 반겨 주었고, 나는 그들의 슬픔이 너무 크다는 것을 알 수 있었다. 그들은 지난 몇 달 동안 그렇게 힘들게 지내 오고 있었고, 아주 최근까지도 아담이 다시 병을 이겨 내기를 바라고 있었다. 그러나 그들도 이제는 죽음이 가까웠다는 것을 알고 있었다.

"고마워요, 헨리, 이렇게 와 줘서 정말 고마워요." 진은 눈물을 흘리며 내게 말했다. "당신은 아담과 아주 가까웠죠. 때가 온 것 같아 두려워요. 그 아이를 보내 줘야 할 거예요. 충분히 오랫동안 고통받았어요.…너무 오랫동안요."

내가 도착하자마자, 아담의 형 마이클이 아담과 함께 있기 위해 봉사자 중 한 명과 같이 왔다. 그는 아담의 침대로 바로 다가가서 자신과 하나님께 이렇게 말했다. "하나님이…제 동생을 도와주셨으면 좋겠어요. 제발 제 동생이 다시 걷게 해 주세요." 그가 슬픈 얼굴로 부모를 바라보자 그의 아버지는 그의 어깨에 손을 얹으며 그를 격려했다. 잠시 후 마이클은 나를 보자마자 내게 팔을 뻗으며, 얼굴을 내 가슴에 묻고 울었다. 나는 오랫동안 흔들리는 그의 몸을 붙잡고 있었다. 그러다 그와 함께, 침대에 누워 있는 아담에게로 고개를 돌렸다. 마이클은 모두가 모아 온 성유(聖油)가 담긴 작은 병을 들고 있었고, 나는 아담의 이마와 양손에 그 기름을 부었다. 그리고 그가 마지막 길을 가는 데 필요한 내적인 힘을 주시도록 하나님께 간구했다.

"제, 제, 제 동생이…하늘로…가려 합니다." 마이클은 눈물을 흘리며 말했다. "제 가슴이 찢어집니다.…제 가슴이 찢어집니다, 아버지." 나는 다시 그를 붙잡고 우리는 함께 울었다. 부모와 나눈 마이클의 슬픔과, 우리가 아담 주위에 함께 서 있었을 때 마음껏 흘린 눈물에 대해 이야기하는 것만으로도 가슴이 찢어지는 일이었다. 한 시간쯤 지났을까, 마이클은 아버지의 도움으로 동생에게 작별 인사를 하고 병원을 떠나 집으로 갔다.

오후 여섯 시가 되었지만 진과 렉스는 산소 마스크 너머로 계속해서 아담의 호흡을 주시했다. 그들은 가능하면 그를 편안하게 해 주려고 애썼으며 다음 호흡을 하도록 그를 깨워 주었다. 그들은 가끔 작은 스펀지로 아담의 입술을 적셔 주었다. "아담은 쉽게 포기하지 않아요. 그는 진짜 투사거든요"라고 내가 말했다. 앤 파빌로니스는 이렇게 말했다. "아담은 렉스와 진 그리고 당신이 오기까지 기다리고 있었어요. 이제 당신이 여기 와서 아담을 보았으니 그를 보낼 시간이 된 거예요." 물론 우리는 그녀의 말을 듣지 않았다! 아담의 부모는 "숨을 쉬거라, 아담! 그래. 너는 할 수 있어. 숨을 쉬어!"라고 하며 계속 애써 그를 격려하고 있었다. 결국 앤은 우리를 각각 불러 아담에게 살라고 하는 말을 그만할 때가 되었음을 인식하도록 도와주었다. "그를 축복하고 보내 주어야만 해요"라고 그녀는 말했다. 우리는 아담에게 돌아와서 마지못해 그에게 이제 가도 좋다고 말했다. 나는 아담의 머리와 머리카락을 쓰다듬으며 침대 옆에 앉아 있었다. 그리고 잠시 동안 양손으로 그의 얼굴을 붙들기도 했다.

데이브레이크 공동체 사람들은 저녁 내내 계속해서 왔다. 그들은 대기실에서부터 번갈아 가며 와서 잠시 동안 아담에게 작별 인사를 하고 우리와 짧은 대화를 나누었다. 우리 몇 명은 아담의 침대 주위에 모여서 손을 잡고, 그와 그의 부모, 가족 그리고 여러 친구들을 위해 기도를 드렸다. 우리 모두에게 깊은 내적 평안을 주시도록, 그리고 아담의 때가 되었을 때 그를 본향으로 돌려보낼 자유를 주시도록 하나님께 구했다.

그날 저녁 늦게 간호사는 모니터의 플러그를 뽑았고, 렉스와 진은 아담이 불필요한 보조 장치로부터 자유로워지도록 마스크도 벗겼다. 그는 이제 죽음에 가까이 다가갔고, 남아 있는 일은 가능한 한 그를 편안하게 해 주는 것이었다. 그때 숨을 쉬려는 아담의 분투가 시작되었다. 고통을 느끼는 것 같지는 않았지만, 숨을 쉴 때마다 격렬한 싸움을 해야 했다. 진은 어떤 자부심을 가지고 말했다. "그렇게 약한 심장으로 그렇게 할 수 있다는 것이 놀라워요. 그 아이는 분명 쉽게 포기하지 않아요. 무척 강하거든요." 렉스는 침대 옆에서 무릎을 꿇고 아담의 손을 붙잡고 있었고, 진은 다른 쪽에 서서 침대에 누워 있는 아담에게 손을 얹고 있었다.

한밤중이 될 때까지 아담은 밤새 그렇게 해 나가려는 것 같았고, 나는 극도로 피곤함을 느끼기 시작했다. 앤은 내게 "이제 집에 가서 잠깐 눈을 붙이세요. 렉스와 진과 내가 여기 있을게요. 아담이 떠나면 전화하겠습니다."

◇ ◇ ◇

데이스프링의 내 방에서 잠이 들자마자, 새벽 한 시쯤 앤이 전화를 걸었다. "헨리, 아담이 떠났어요." 나는 즉시 "다 이루었다"라는 예수님의 말씀을 생각했다. 아담의 인생 그리고 그의 사명이 이제 끝난 것이다.

15분 후 나는 병원으로 돌아갔다. 아담은 그곳에서 평안한 가운데 조금의 요동도 없이 누워 있었다. 또다시 숨을 쉬려는 분투도 없었고, 손가락을 만지작거리거나 안절부절못하며 몸을 움직이는 모습도 더 이상 없었다. 렉스와 진과 앤은 아담의 몸을 어루만지며 침대 옆에 앉아 있었다. 눈물이 가득했다. 상실의 눈물이었지만 또한 안도의 눈물이었다. 우리 넷은 손을 잡았다. 그리고 아담의 조용한 얼굴을 바라보며, 그가 남긴 34년 생애의 선물과, 육체적으로 극도로 연약하면서도 믿을 수 없는 영적인 힘 가운데서 우리에게 가져다준 선물들로 인해 감사하며 기도를 드렸다.

나는 그의 얼굴에서 눈을 뗄 수 없었다. 나는 이렇게 생각했다. "여기 나를 나의 내적 자아와 내 공동체와 내 하나님과 관계를 맺게 해 준 그 누구보다도 뛰어난 사람이 있습니다. 여기 내가 보살피도록 요청받았지만 너무나 믿을 수 없는 방법으로 나를 자기 삶과 자기 마음으로 데리고 들어간 사람이 있습니다. 그렇습니다. 나는 데이브레이크에서 보낸 첫해에 그를 돌보았고, 그를 너무나 사랑하게 되었습니다. 그런데 그는 내게 너무나 귀중한 선물이었습니다. 여기 내 상담자요, 스승이요, 인도자가 있습니다. 그는 나에게 한 마디도 할 수 없었지만, 어떤 책이나 교수, 영적 지도자보다 더 많은 것을 가르쳐 주었습니다. 여기 아담이 있습니다. 내 친구, 내 사랑하는 친구, 내가 아는 사람 중 가장 연약한 사람인 동시에 가장 강한 사람이 여기 있습니다. 그는 이제 죽었습니다. 그의 인생은 끝이 났습니다. 그의 임무는 완수되었습니다. 그는 그가 원래 있었던 하나님의 품으로 돌아갔습니다."

나는 이루 헤아릴 수 없는 슬픔을 느꼈지만 또한 이루 헤아릴 수 없는 기쁨을 느끼기도 했다. 나는 동료를 잃었지만, 나의 남은 인생의 수호자를 얻은 것이다. 나는 기도했다. "이제 모든 천사여, 아담을 천국으로 인도하고, 하나님의 사랑의 품으로 그를 맞아들이소서."

죽음은 정말 신비다. 그것은 우리에게 이렇게 자문하게 한다. "나는 왜 사는가? 나는 어떻게 사는가? 나는 누구를 위해 사는가?" 그리고 또한 "나는 이제…이후에…죽을 준비가 되어 있는가?" 아담은 마치 내 속에 있는 이런 질문들에서 빠져나오도록 내게 자유를 주는 것 같았다. 그는 이렇게 말하는 것 같았다. "두려워하지 마십시오, 헨리. 당신이 당신의 죽음과 친숙해지는 데 나의 죽음이 도움이 될 겁니다. 당신 자신의 죽음을 두려워하지 않을 그때에야 온전하고, 자유롭고, 즐겁게 살 수 있을 겁니다."

렉스, 진 그리고 앤과 함께 그곳에 있었다는 것 그리고 이런 거룩한 순간을 그들과 함께 경험했다는 것이 얼마나 큰 특권인가! 나는 십자가 밑에서 마리아와 함께 서 있던 예수님의 사랑하시는 제자 요한 같은 느낌이 들었다. 나는 친아들은 없지만, 아담은 내게 아들과 같은 존재가 되어 있었다. 그러면서도 아버지 같은 존재이기도 했다. 여기 아담의 조용한 육체 앞에 선 나는 하나님이 나를 홀로, 자식도 없이, 집도 없이 내버려 두지 않으셨음을 알게 되었다.

예수님은 죽어 가실 때 사랑하시는 제자를 바라보시며 마리아에게 "어머니, 당신의 아들입니다"라고 하셨으며 요한을 바라보며 "네 어머니다"라고 하셨다. 자신의 죽음으로 새로운 관계를 시작하신 것이다. 아담 역시 그 순간 그리고 그 이후에도 가족과 과거와 현재의 공동체 구성원들과 친구 사이에 교제의 끈을 만들었다.

새벽 세 시쯤 의사가 왔다. 렉스와 진은 첫 작별의 시간이 왔음을 알았다. 렉스는 "선생님, 제발, 그 아이 몸을 부드럽게 다루어 주십시오" 하고 말했다. 그것은 그가 34년 동안 한 일이었다.

우리는 병원을 나왔고, 렉스와 진은 나를 데려다주겠다고 고집했다. 아주아주 추운 날이었다. 모든 것이 조용했고, 그해 매서운 겨울의 일곱 번째 눈보라로 인해 사방이 온통 눈으로 덮여 있었다. 15분 후 그들은 나를 데이스프링에 데려다주었다. 나는 그들에게 작별을 고하고 손을 흔들면서 그들의 마음을 상상해 보았다. 모든 사랑과 정성으로 돌보았던 사랑하는 아들로 인해, 몹시 슬퍼하며 밤을 헤치며 차를 몰고 가는 남자와 여자. 나는 그들의 고통이 얼마나 큰지 다 이해할 수는 없다. 그러나 나는 아담이 그들을 보호하고 지켜보며 가까이 있으리라 확신했다. 그는 그들을 슬픔 가운데 홀로 내버려 두지 않을 것이다.

7장_

아담의 장례

다음 날 아침 일어났을 때 나는 아담의 형 마이클과 특별한 시간을 보낼 필요가 있다는 사실을 알게 되었다. 마이클이 살던 집의 책임자로 있던 메리 배스티도(Mary Bastedo)는 그를 데리고 나가 콜라를 사 주면 좋겠다고 했다. 그녀는 "그는 지금 당신과 함께 있고 싶어 해요" 하고 말했다. 그래서 마이클과 나는 리치먼드힐에 있는 레스토랑으로 짧은 소풍을 가서 콜라와 커피를 마셨다. 우리는 그곳에 앉아서 서로에 대해 그리고 아담에 대해 이야기를 나누었다. 나는 말했다. "마이클, 우리가 친구라는 사실이 너무 기뻐요." 마이클은 그만의 특이한 방법으로 의자의 팔걸이를 꼭 붙잡고 내게 가까이 다가와 미소를 지으며 대답했다. "그래요…신부님. 저는…신부님의…친구예요."

나는 그에게 이렇게 말했다. "마이클의 동생 아담은 이제 이곳을 떠나 하나님과 함께 있어요. 오늘 우리는 장례식장에 갈 거고 거기서 아담의 시신을 보게 될 거에요. 내일은 그의 몸을 묘지에 묻을 거구요." 마이클은 눈물을 글썽이며 나를 쳐다보고 말했다. "싫어요, 신부님. 난…땅속…이…싫어요." 그러면서 마룻바닥을 가리켰다. "나도 싫어요, 마이클. 하지만 내가 정말 바라는 것은, 하나님이 아담에게 새로운 몸을 주셔서 그가 천국을 돌아다니며 말도 하고, 이미 그곳에 가 있는 할아버지, 할머니, 삼촌과 함께 대화할 수 있게 되는 거예요" 하고 내가 말을 건넸다.

마이클의 슬픔은 너무나 컸다. 하지만 다행스럽게도 그는 가끔 생각을 잠시 다른 데로 돌릴 수 있었다. 내가 제안한 한 가지 간단한 기분 전환 방법은, 그를 내 차에 태워 라디오를 틀어놓고 드라이브를 즐기는 것이었다. 나는 마이클이 괜찮아지리라는 것을 알 수 있었다. 그는 깊은 기도의 사람이었다. 그의 신앙이 앞으로의 삶 동안 그를 도울 수 있을 것 같았다.

그날 오후 나는 장례식장에서 관 속에 누워 있는 아담의 시신을 보고 너무나 놀랐다. 그는 막 잠이 든 열여덟 살 소년처럼 너무나 어려 보였다. 그의 얼굴은 너무나 온화했고, 피부도 부드러웠다. 머리는 곱게 빗겨 있었다. 그는 예쁜 셔츠와 옅은 노란색 털 스웨터를 입고 있었다. 그의 아름다움과 젊음을 보니 눈물이 흘렀다. 입을 다물고 아주 잠잠히 있는 모습은 처음이었다. 이 사람이 내게 그렇게 많은 것을 주었던 사람인지, 그리고 동시에 내게 한 마디도 하지 못했고, 정원에서 뛰어놀 수도, 공놀이를 할 수도, 규칙적으로 학교에 다닐 수도, 혹 책을 읽을 수도 없던 그 사람인지 믿을 수 없었다. 그는 그저 친구들과 함께 그들 곁에 있는 것만 좋아했다! 여기서 그는 너무 건강하고 너무 온전하고 너무 잘생겨 보여서 그에게서 눈을 뗄 수 없었다. 그가 부활할 때 얻게 될 새로운 몸을 미리 조금 보여 주는 것만 같았다.

진은 관을 열어 놓는 것이 좋을지 의아해했다. 그녀는 생각에 잠기며 말했다. "아담은 이제 죽었어요. 왜 그에 대한 마지막 인상이 시신이 되어야 하죠?" 그럼에도 불구하고 나는 그녀에게, 아담을 땅에 묻기 전에 진정으로 그를 보고 싶어 하는 사람들을 위해서 잠시 동안 관을 열어 놓자고 제안했다. 진은 너무나 온화하고 아름답고 평온한 아들의 모습을 보고, 그를 바라보고 그의 머리를 쓰다듬으며 이마에 입맞춤을 할 수 있다는 것이 우리에게 얼마나 좋았는지 알게 되었다.

오후와 저녁 시간 동안, 데이브레이크 공동체의 식구 대부분은 다시 한번 아담과 함께하기 위해 왔다. 빈소에 있던 큰 방은 사람들로 붐볐다. 앤, 존 데이비드, 레셰크, 조디, 클라우디아 등 몇 달 혹은 몇 년간 뉴 하우스에서 아담과 함께 살았던 봉사자들은 아담이 가 버린 사실을 알고 고통에 사로잡혔다.

아담 없이 그 집에서 어떻게 살지 상상할 수 없었던 것이다.

그곳에는 아담의 친구들과 아담과 함께 살았던 이들도 있었다. 존은 병원, 장례식, 교회, 묘지 등이 그의 어머니의 죽음을 생각나게 해서 끔찍이도 두려워했던 것들임에도 불구하고 그곳에 왔다. 존은 아담이 데이브레이크에 온 날부터 그와 함께 살았고, 항상 많은 애정과 사랑을 보여 주었다. 그는 늘 그가 가장 잘 아는 말인 "헨리, 오늘 집에 있어요?"와 같은 말을 반복했다. 그는 사람들과 접촉하고 그들을 만나고 가까워지고 싶어 했지만, 자신의 경험과 상처 때문에 괴로운 마음을 표현하지 못했다.

아담과 같은 해에 데이브레이크에 온 로지도 왔다. 그녀는 심한 장애가 있었고, 외부 사람들에게는 불가사의한 자기만의 공간에서 사는 사람같이 보이지만, 그녀와 함께 살며 일한 사람들은 아담의 질병과 죽음이 그녀에게 얼마나 깊은 감동을 주었는지 알고 있었다. 이미 작별 인사를 한 로지는 방으로 힘겹게 걸어 들어가 봉사자와 함께 올라가 아담을 보는 것으로 만족했고, 그다음 사람들에게서 떨어져서 잠시 바닥에 앉아 있었다. 로지는 때로 크고 날카로운 소리로 기쁨이나 아픔을 표현하지만, 여기서는 친구를 바라보고 그 친구가 떠남으로 인한 깊은 슬픔을 느끼며 조용히 집중하고 있었다.

아담의 형이 아닌 다른 마이클도 휠체어를 타고 왔다. 마이클은 심한 뇌성마비와 정신 장애 때문에, 자기 내면에서 어떤 일이 일어나고 있는지 다른 사람에게 알리기가 너무나 어려웠다. 아담의 조용한 시신을 보고 있을 때조차도 마이클은 자신을 표현할 수 없었다. 하지만 아담 앞에 선 그의 모습은 주위에 있던 모든 사람의 내면 깊숙한 감정을 건드렸다. 괴로움 가운데서 그의 찢어지는 듯한 외침이 있었던 것은 아담이 죽은 다음 날인 장례식에서였다.

아담과 함께 살았던 친구 로이는 죽음을 직접적으로 대면할 수 없었다. 그는 장례식장에 가는 것은 자신에게 너무나 불안한 일이 될 거라 생각했다. 하지만 그는 집에서 계속 "아담은 어때요? 아담은 어때요?" 하고 물었다. 그는 슬픔 가운데서도 즐겁고 낙천적인 모습을 유지하려고 애쓰고 있었다. 그러나 그러는 동시에 그는 내면 깊숙이 괴로워하고 있었고, 갑작스런 좌절과 분노가 분출되는 것을 통제할 수 없었다. 그는 아담을 아주 사랑했고 늘 그에게 다정하게 말했다. 두 사람은 진정한 관계를 맺고 있었다. 장례식 후 앤과 로이는 함께 아담의 무덤에 찾아갔다. 이후에는 로이도 좋아지는 것 같았다.

아담의 시신이 안치되어 있던 방은 사람들로 가득 찼다. 공동체 식구들과 가족들뿐 아니라 멀리서 온 옛 친구들도 있었다. 뉴 하우스에서 만나 아담과 함께 살았던 그레그와 아내 에일린은 시카고에서부터 차를 몰고 왔다. 아담이 살았던 뉴 하우스와 주간 프로그램에서 봉사자로 섬기며 아담과 가까워졌던 스티브는 시애틀에서 비행기를 타고 왔다. 그리고 뉴 하우스의 책임자로 2년간 아담과 함께했던 피터도 장례식에 참석하기 위해 노바스코샤로부터 비행기로 왔다.

문상이 계속되는 동안 우리는 때로 말하는 것을 멈추고 관 주위로 큰 원을 그리고 서서 기도하고 서로의 느낌을 나누었다. 나는 시편 27편을 읽었다. 그 말씀은 마치 아담에게 주어지는 것 같은 느낌이 들었다. 기도가 끝난 후에도 우리는 계속 원을 그리고 서 있었고, 몇몇 사람이 아담에 대한 이야기와 꿈과 사건들에 대해 이야기했다. 그것은 미소 혹은 눈물 혹은 둘 다를 자아냈다. 아담의 시신 주위에서 슬픔과 기쁨이 어우러져 춤을 추고 있었다. 슬픔과 웃음 그리고 말로 다 할 수 없는 상실감과 너무나 큰 것을 얻었다는 느낌이 공존했다. 예수님이 슬퍼하는 제자들에게 하셨던 그 말씀을 아담이 우리에게 하는 것 같았다. "그리스도가 이런 고난을 받고 자기의 영광에 들어가야 할 것이 아니냐?"(눅 24:26)

예수님은 또한 그 순간에 우리에게 소망을 주시기 위해 다른 말씀도 하셨다.

한 알의 밀이 땅에 떨어져 죽지 아니하면 한 알 그대로 있고 죽으면 많은 열매를 맺느니라. 자기의 생명을 사랑하는 자는 잃어버릴

것이요, 이 세상에서 자기의 생명을 미워하는 자는 영생하도록 보전하리라. (요 12:24-25)

우리가 모두 아담의 시신 주위에 모여 있었을 때, 나는 예수님이 자신에 대해 하신 말씀이 우리에게 아담의 인생뿐 아니라 그의 죽음을 통한 풍성한 열매의 신비를 조금이나마 보여 준다는 느낌이 들었다.

1996년 2월 15일, 리치먼드힐에 있는 성 마리아 가톨릭교회에는 아담의 인생과 죽음을 기념하기 위해 수백 명의 사람이 모였다. 아담의 시신이 교회로 옮겨지고 모든 사람이 일어나 그를 환영했을 때, 나는 이 모든 사람이 가장 연약하고 아름다운 청년으로 인해 깊은 감동을 받았다는 사실을 알 수 있었다. 이 사람은 뛰어난 예술가도 아니었고, 유명한 음악가나 위대한 종교적 인물이나 성공적인 정치 지도자도 아니었다. 이 사람은 바로 말이 아닌 삶의 모범으로 우리에게 자신의 뜻을 전한 아담이었다. 그는 자신의 평안의 메시지를 전하기 위해 책을 쓰거나 여행하거나 강의할 필요가 없었던 사람이었다. 그는 동전 한 푼 벌 필요가 없었던 아담이었다. 자신을 돌보아 줄 공동체를 불러 모은 사람이었기 때문이다. 아담, 우리는 모두 그를 위해 눈물을 흘리며 서 있었고, 우리 마음은 그를 향한 사랑으로 충만해 있었다.

아담의 친한 친구 여덟 명이 교회 앞쪽의 관 주위로 모였을 때 우리는 함께 찬양을 했다.

> 심령이 가난한 자는 복이 있나니
> 천국이 그들의 것임이요,
> 애통하는 자는 복이 있나니
> 그들이 위로를 받을 것임이요.

우리는 바울의 말에 귀 기울였다. "하나님께서…세상의 약한 것들을 택하사 강한 것들을 부끄럽게 하려 하시며"(고전 1:27).

그리고 우리는 예수님의 비전을 표현하시는 말씀에 귀 기울였다. "온유한 자는 복이 있나니 그들이 땅을 기업으로 받을 것임이요"(마 5:5). 우리는 이 말씀이 진정 아담에 대한 말씀임을 알았다.

나는 아담의 시신 앞에 서서 성찬의 떡을 들고 예수님의 말씀을 선포했다. "이 떡을 받아서 먹으라. 이것은 너희를 위하여 주는 내 몸이니라." 그리고 그때 나는 하나님이—우리가 하나님께 다가가서 치유받을 수 있도록—우리를 위해 육체를 입으셨다는 사실을 완전히 새로운 방식으로 알게 되었다. 하나님의 육체와 아담의 육체는 하나다. 예수님이 우리에게 분명하게 말씀하셨기 때문이다. "여기 내 형제 중에 지극히 작은 자 하나에게 한 것이 곧 내게 한 것이니라"(마 25:40하). 진실로 우리는 아담 안에서 우리 가운데 살아 계시는 그리스도를 만났다.

모든 사람이 그리스도의 몸을 받기 위해 앞으로 나왔다. 그리고 성찬식이 끝난 후 모두 마지막 작별 인사로 아담의 관에 손을 대기 위해 다시 앞으로 나왔다. 우리는 관에 손을 얹고 오래된 아일랜드의 축복송을 불렀다.

평탄한 길이 되게 하소서.
바람은 항상 등 뒤로 불게 하시고
햇빛은 당신의 얼굴로 따뜻하게 비춰게 하소서.
당신의 땅에는 부드러운 비를 내리소서.
우리 다시 만날 때까지
하나님의 품 안에 품으소서.

그러고 나서 우리가 계속 찬양을 하는 동안 아담의 시신 주위에 있던 사람들은 그를 교회 밖으로 들고 갔다.

하나님이 당신을 독수리 날개처럼 일으키시리라.

새벽의 생명력으로 당신을 품으시리라.

당신을 해처럼 빛나게 하시리라.

하나님의 손이 당신을 붙들리라.

마이클과 나는 묘지로 가는 행렬 중 선두 차에 함께 탔다. 예배를 마친 후 진은 내게 "마이클이 너무 슬퍼하고 있어요. 묘지로 같이 가는 것이 좋을지 모르겠어요" 하고 말했다. 그러나 나는 마이클이 가족과 친구들 가까이에 있고 싶어 한다는 사실을 감지했고, 끝까지 슬픔을 가지는 것도 그에게 괜찮으리라는 생각이 들었다. 나는 그에게 "나하고 맨 앞차에 같이 타고 갈래요?" 하고 말했다. 마이클은 즉시 대답했다. "네…신부님. 신부님 차에…신부님과 함께…가겠어요."

묘지에서는 관을 메는 사람들이 아담의 시신을 들어 무덤 쪽으로 들고 가서, 무덤 속으로 내릴 수 있도록 만들어 놓은 금속 기구 위에 관을 올려놓았다. 무덤은 큰 나무 판자로 덮여 있었고, 무덤 옆의 흙더미는 인공 잔디로 덮여 있었다. 적어도 100명은 되는 사람들이 안식의 장소로 가는 아담의 시신과 함께했다.

아름다운 날이었다. 몹시 추웠지만 눈으로 덮인 하얀 묘지

위로 태양이 밝은 빛을 비추고 있었다. 바람도 없었고, 모든 말을 분명히 들을 수 있었다.

마이클은 내가 들고 있던, 성수(聖水)를 뿌리는 도구에 큰 관심을 보였다. 나는 아담의 무덤과 관을 성수로 축복해야만 하는 사람은 바로 그라고 생각했다. 짧은 기도 후 나는 마이클에게 그 도구를 주었다. 그리고 내가 그를 꼭 붙들고 있는 동안, 그는 천천히 한쪽에서 다른 쪽으로 걸으면서 관을 향해 몸을 기울이고 조심스럽게 축복했다. 그러고 나서 나는 기도했다.

> 사랑의 하나님, 우리의 아들이자, 형제요, 친구인 아담을 당신 손에 의탁합니다. 그리스도 안에서 살다가 죽은 모든 사람과 함께 그도 마지막 날에 생명으로 부활하여 영원히 당신과 살 것을 우리는 확신합니다.
>
> 우리의 사랑하는 아담을 천국으로 인도하소서. 그리고 우리가 모두 그리스도 안에서 만나 영원히 당신과 함께, 아담과 함께할 때까지 우리가 믿음의 확신 가운데 서로 위로하도록 도와주소서.

기도가 끝나자 작업복을 입고 빳빳한 모자를 쓴 청년 두 명이 나타났다. 그들은 즉시 인공 잔디와 관 아래쪽에 있는 큰 널빤지를 치우기 시작했다. 나는 미소지을 수밖에 없었다. 그들을 보니, 셰익스피어의 『햄릿』에서 조금은 희극적인 안도감을 주기 위해 등장했던 무덤 파는 일꾼이 생각났다. 우리 모두가 기다리는 동안, 그들의 힘 있는 에너지와 바쁜 움직임은 정말로 아담을 땅에 묻으려 한다는 것과 차가운 눈이 덮인 땅 위에 그가 홀로 버려져 있지 않는다는 사실을 확실히 알게 해 주었다. 널빤지를 모두 치우고 나자 두 사람은 관을 무덤 속으로 내려 넣었다. 그것은 땅속으로 가는 길고 느린 여행 같았다. 관이 내려가는 동안 우리는 "할렐루야, 할렐루야, 할렐루야"하며 찬양했다. 두 사람은 관이 땅에 닿을 때까지 땅속 깊은 곳을 쳐다보고 있었다. 그리고 줄과 금속 리프트를 치웠다. 그러고 나서 그들은 렉스와 나에게 삽을 건네주었다. 신선한 흙을 떠서 아래 쪽에 있는 관 위로 흩뿌리게 하기 위해서였다. 그런 뒤에는 원하는 사람들이 모두 차례로 할 수 있도록 삽이 손에서 손으로 옮겨졌다.

이제 정말 끝이었다. 나는 상단부에 놓인 소박한 꽃다발과 함께 무덤 깊숙이 있는 아담의 관을 쳐다보았다. 그리고 다시는 아담이 우리와 함께할 수 없다는 것을 확실히 알았다. 엄청난 양의 흙이 그의 몸을 덮을 것이다. 그리고 그것은 서서히 주위에 있는 땅의 일부가 될 것이다. 나는 바로 이 큰 구덩이 앞에서 죽음의 결말과 부활의 소망을 만났다.

우리 모두가 그것을 느꼈다. 우리는 무덤 속으로 얼어 있는 한 줌의 흙을 떨어뜨리고 나서 관 위에서 나는 둔한 소리를 들었다. 슬퍼하는 우리의 가슴이 찢어졌다. 마이클은 친구의 팔에 기대서 흐느끼기 시작했다. 그리고 존은 결국 커다란 슬픔에 찬 울부짖음을 발하며 자신의 슬픔을 표현했다. 바로 그 순간 우리는 우리의 무력함과 고독의 깊이를 알았다. 태양, 눈, 추운 날씨, 무덤, 울부짖음, 땅에 누워 있는 아담의 몸—그것들은 말로 표현할 수 없는 우리의 슬픔에 대해 말하고 있었다. 우리는 차례로 삽질을 마친 후에 교회에서 불렀던 아일랜드의 축복송을 다시 불렀다. 그리고 나는 "이제 평안히 갑시다"라고 말했다. 무리는 천천히 방향을 바꾸어 떠나기 시작했다.

나는 몇 사람과 함께 잠시 남아 있었다. 이렇게 사랑스러운 사람을 혼자 내버려 두고 떠나기는 정말 어려웠다. 나는 마지막으로 아담의 시신이 놓여 있는 눈 덮인 무덤을 바라보며, 그가 새로 발견한 고독을 느꼈다. 아담은 죽었다. 그는 돌아오지 않을 것이다. 우리는 결코 다시는 그를 만나지 못할 것이다. 우리는 그가 우리 사이에서 육체적으로 함께하지 않는 상태로 지내야 할 것이다. 어떻게? 우리는 모른다. 우리는 단지 기다려야 한다. 아픔을 느껴야 하고, 상실로 인해 슬퍼해야 하며, 눈물을 흘려야 한다. 아담은 우리를 떠났다. 그는 평안 가운데 있으며 우리는 소망을 가지고 계속 살아 나가야 한다. 나는 한 가지는 분명히 알았다. 우리를 함께 있게 해 준 그는 우리가 함께 있기를 원한다고 믿으며, 우리가 함께 머물러 있어야 한다는 것이다. 우리가 함께 점심 식사할 장소로 가는 도중에 나는, 아담이 그곳에서 많은 눈물과 이따금 미소를 지었던 우리를 보고 기뻐했을 것임을 알았다.

8장_

아담의 부활

아담의 부활은 그를 사랑했던 사람의 슬픔 가운데서 시작되었다. 그 슬픔은 아주 실제적이었고, 깊었다. 장례식 후 우리 모두 데이브레이크 공동체의 대강당에 모였을 때, 나는 우리의 상실감이 얼마나 큰지 알 수 있었다. 단지 나만 아니라 많은 사람에게 아담은 공동체의 중심인물이었고, 불안한 삶을 사는 우리 가운데 있는 고요한 중심이었다. 이제 그 중심이 사라졌다.

이제는 무엇이 있는가? 다음에는 무엇이 있는가? 우리는 어떻게 살아가야 하는가? 우리가 잘 살아갈 수 있을까? 그래도 아담의 장례식까지는 그가 같이 있다는 의식이 있었다. 청년다운 그의 얼굴도 볼 수 있었고 그를 만질 수도 있었다. 이제는 빈 공간과, 그의 부재만이 남아 있다. 나는 예수님을 장사 지낸 후 예수님의 친구들이 어떤 느낌을 가졌을지 궁금했다. 망연자

실? 혼란스러움? 분노? 비통함? 그들의 존재의 기초가 무너졌다. 삶의 의미도 사라졌다. 모든 것이 완전히 정지되었다. 가르침이나 설교는 더 이상 없었다. 공동 식사와 기도와 묵상 시간도 없었다. 친밀한 대화 시간도 없었다. 무리들, 기적, 새로운 질서와 진정한 자유를 향한 벅찬 기대는 어디에 있는가? 풍성한 물고기와 떡 그리고 순수한 삶의 기쁨은 어디에 있는가? 큰 돌이 무덤 문을 막았고(마 27:60), 돌을 인봉하였다(마 27:66). 그 모든 것의 종국은 너무나 충격적이었다. 집에 가거나 그저 어쩔 줄 몰라 하며 앉아 있는 것 외에 무슨 일을 할 수 있었겠는가?

우리는 슬픔의 심연으로 들어가지 않고는 부활에 대해 말하거나 생각조차 할 수 없었다. 예수님의 친구도, 아담의 친구도 "울지 마세요, 그는 돌아올 거예요" 하고 말할 수 없었다. 우리는 울어야 하고, 상실감을 느껴야 하고, 그의 죽음을 애도해야 한다. 슬픔은 공허함이며, 어두움, 무의미함, 무용함, 무기력함이다. 더 심한 것은, 우리 마음속에 자리잡고 있던 사랑하는 사람의 죽음은 우리 안에서 서서히 진행된다는 것이다. 슬픔은 매일, 매시간, 매분 떠나간다. 오랫동안 우리는 그가 아직도 거기 있는 것처럼 생각하고 행동했다. 그러나 돌아볼 때마다 그가 떠나고 없다는 사실을 발견한다. 오늘 아침 누가 아담을 깨울 것인가? 그러나…그는 이제 여기 없다! 누가 그를 목욕시켜 주고 면도해 주고 머리를 빗기고 새 옷을 입혀 줄 것인가? 그러나…그는 이제 여기 없다! 누가 그의 아침 식사를 준비해 주고 오렌지 주스 마시는 것을 도와주며 주간 프로그램을 위해 준비시켜 줄 것인가? 그러나…그는 이제 여기 없다! 오늘 밤에는 렉스와 진이 올 것이다.…그러나 아담과 함께하기 위해서가 아니라 우리와 함께하기 위해서 온다. 그는 계속 죽어가고 있었다. 그의 부재, 느리고 고통스러운 이별, 비통한 고독은 우리를 거듭거듭 놀라게 했다. 우리는 슬픔을 회피할 수 없었다. 그것을 줄일 수도 없었다. 그것에 시간을 주어야 했다. 그것도 많은 시간을.

그렇다면 부활은 어디서 시작되는가? 아담을 언제 다시 볼 것인가? 그가 존재하지 않는다는 사실뿐 아니라 그가 존재한다는 사실에 대해 언제쯤 말할 수 있을까? 부활은 우리에게 환상과 꿈 가운데서 시작되었다.

아담의 좋은 친구, 이본이 슬픔 한가운데서 상상했던 이야기를 해 주었다. 그녀는 아담과 ㄱ의 죽음 그리고 ㄱ와의 우정에 대해 생각하고 있었다. 다음 순간 그녀는 하늘에 있는 아담을 보고 있었다. 그러고 나서 그녀는 자신이 하늘나라로 걸어가는 모습을 상상했다. 그녀가 걸어가고 있을 때, 빛나는 모습의 청년이 가까이 다가오는 것을 보았다. 그녀는 당황했다. 그를 알아보지 못했기 때문이다. 그러나 그는 그녀에게 똑바로 다가와서 말했다. "안녕, 이본. 나 모르겠어요?" 이본은 계속 그를 쳐다보면서 그를 알아보려고 했지만 어떻게 해야 할지를 몰랐다. 그러자 그는 웃으며 말했다. "난 당신의 친구, 아담이에요. 기억하겠어요?" 이본은 그의 활력과 환대로 인해 위로를 받았다.

오랫동안 라르쉬에서 살았던 엘리자베스는 이런 꿈을 꾸었다. 그녀는 우리에게 이렇게 말했다. "꿈에서 아담이 달려가며 춤을 추고, 아래위로 뛰며, 새처럼 자유로운 모습을 보았어요. 그는 자유로운 영처럼 웃고 말하고, 훌륭한 운동선수처럼 머리, 팔, 다리를 움직이고 있었어요. 또 너무 즐거워하고 기뻐했고요. 우리와 함께 있을 때는 결코 할 수 없었던 일들을 했어요. 꿈에서 깼을 때 아담이 춤추는 모습을 본 것 때문에 가슴이 두근거릴 지경이었어요."

나는 환상을 보지 못했고 꿈도 꾸지 못했다. 오히려 이제는 더 이상 가치 있는 것이 아무것도 없다는 이상한 느낌이 들었다. 계속해서 그런 느낌이 있었던 것은 아니었지만—나는 일상생활을 해 나갔으므로—한번은 나 자신에게 이렇게 질문했다. "내가 왜 이런 모든 일을 하는가? 내가 왜 다른 사람을 방문하고, 함께 밥을 먹고, 또 다른 책을 쓰고 다른 의식을 기념해야 하는가? 아무리 해도 그것 모두 아무런 의미가 없다. 모든 것이 죽음으로 끝나는데 왜 사랑해야 하는가?" 나는 침대에 누워 극심한 피로를 느끼며 자문했다. "왜 내가 다시 일어나야 하는가?"

그런데 내가 친구들에게 아담에 대해 이야기할 때마다 그들은 귀 기울였다. 그리고 그들은 내가 다른 말을 할 때와는 다른 방식으로 귀 기울였다. 그들은 나의 슬픈 마음에 귀 기울였고, 내가 너무나 사랑했던 아무 말 없는 청년의 목소리를 들었다. 내가 이야기할 때마다 그들은 이렇게 말했다. "자네는 그를 정말 사랑했군, 그렇지? 좀더 자세히 얘기해 주게나." 그러면 나는 그들에게 좀더 자세히 이야기했다―아담의 출생, 훌륭한 그의 부모, 그가 데이브레이크에 오게 된 것, 우리의 관계 그리고 그가 어떻게 내 마음을 감동시켰는지에 대해. 그것은 단순한 이야기였다. 그러나 나는 그 이야기를 할 때마다 귀 기울이는 친구들의 마음속에 새 생명과 새 소망이 생겨나는 것을 볼 수 있었다. 나의 슬픔이 그들의 기쁨이 되었고, 나의 상실이 그들에게 유익이었으며, 내가 죽어 가는 것이 그들을 새 생명으로 인도했다. 나는 아담이 그를 알지도 못하는 사람들의 마음속에서 살아가는 모습을 아주 천천히 발견하기 시작했다. 그들은 위대한 신비의 한 부분을 만들어 내는 것 같았다. 그러고 나서 누군가 말했다. "많은 사람이 아담의 이야기를 알고 그 안에서 기뻐할 수 있도록 아담에 관한 책을 써 주세요."

◇ ◇ ◇

나의 슬픔 한가운데서 그의 부활이 시작되었을까? 그것은 그날 아침 자신을 부르는 친숙한 목소리를 들었던 막달라 마리아에게 일어난 일이었다. 그것은 풀이 죽어 엠마오로 가던 제자들에게 일어난 일이었다. 낯선 사람이 그들에게 말을 걸고 그들의 마음이 뜨거워졌던 바로 그때 말이다. 그것은 다락방에서 두려워하고 있던 제자들이 "너희에게 평안이 있을지어다!"라는 말씀과 용서하시는 사랑이 깃든 말씀을 들었을 때 일어난 일이었다. 그것은 슬퍼하던 예수님의 제자들에게 일어난 일이었다. 그들은 호수로 다시 돌아가 고기잡이를 시작했고, 물가에 계신 분이 그들에게 오른쪽으로 그물을 던지라고 하신 후 고기로 배를 가득 채웠으며, 그 후 그들은 그분과의 아침 식사에 초대받았다.

애통함이 춤으로, 슬픔이 기쁨으로, 절망이 희망으로, 두려움이 사랑으로 변했다. 그러자 누군가 주저하며 말했다. "그분이 살아나셨다. 진정 그분이 살아나셨다."

내 마음은 아담이 육체 가운데서 살았던 것이 무의미한 일이었다고 믿고 싶지 않았다. 너무나 많은 사람에게 사랑을 쏟아부음으로써 신비로운 통로가 되었던 아담의 믿기지 않는 연약함과 인생은 영광스러워야 한다. 부활하신 몸에 남아 있던 예수님의 상처가 그분을 알아보는 표적이 되었던 것처럼, 아담의 상처는 우리 가운데서 그의 독특한 임재의 표지가 된다. 아담의 상한 육체는 새로운, 부활한 생명의 씨앗이었다. 바울은 이렇게 말한다.

> 누가 묻기를 '죽은 자들이 어떻게 다시 살아나며 어떠한 몸으로 오느냐?' 하리니, 어리석은 자여, 네 뿌리는 씨가 죽지 않으면 살아나지 못하겠고 또 네가 뿌리는 것은 장래의 형체를 뿌리는 것이 아니요, 다만 밀이나 다른 것의 알갱이뿐이로되 하나님이 그 뜻대로 그에게 형체를 주시되 각 종자에게 그 형체를 주시느니라. (고전 15:35-38)

아담의 독특한 육체는 그의 부활한 생명의 씨앗이었다. 내가 관에 누워 있는 그의 청년다운 아름다움을 보았을 때, 이 새 생명을 얼핏 본 것이다. 나는 내 친구들의 환상과 꿈 그리고 내게서 아담의 삶에 대해 들었던 사람들의 마음속에 나타났던 새로운 소망을 믿어야 한다. 나는 나의 슬픔과 다른 사람들의 슬픔을 통해 일어났던 일을 믿어야 한다. 그리고 그렇게 믿을 때, 하나님의 사랑하시는 아들 아담의 부활은 기다려야 할 일일 뿐 아니라 이미 우리 슬픔 한가운데서 일어난 일임을 알게 되리라 믿는다.

9장_

아담의 영

아담, 하나님으로부터 와서 이 세상에서 34년의 인생을 살도록 보냄 받은 아담은 하나님께로 돌아갔다. 그의 사명은 완수되었다. 하지만 아직 끝나지 않았다. 아니, 결코 끝나지 않을 것이다. 사랑은 두려움보다 강하고 생명은 죽음보다 강하기 때문이다. 아담의 사랑과 생명은 부패하지 않는다. 그것은 영원하다. 그것은 하나님의 사랑과 생명의 일부이기 때문이다. 예수님은 돌아가시기 직전에 이렇게 말씀하셨다.

> 내가 너희에게 실상을 말하노니 내가 떠나가는 것이 너희에게 유익이라. 내가 떠나가지 아니하면 보혜사가 너희에게로 오시지 아니할 것이요 가면 내가 그를 너희에게로 보내리니…그가 너희를 모든 진리 가운데로 인도하시리니. (요 16:7, 13)

아담의 영은 예수님의 영이다. 그것은 "사랑과 희락과 화평과 오래 참음과 자비와 양선과 충성과 온유와 절제"(갈 5:22-23)의 영이다. 아담과 함께 산 사람은 누구나 그의 아름다운 영에 감동을 받았다. 그렇게 많은 사람을 치유하고 그들의 삶을 새로이 이해하도록 해 준 것이 바로 그의 영이었다. 아담의 죽음도 그의 영을 소멸시키지는 못했다. 오히려 죽음은 그의 영을 해방시켜 어디로나 날아다니게 했으며, 그를 만나지는 못했지만 그를 아는 특권을 가진 사람을 통해 그에 대해 들은 사람들을 감동시키게 했다. 따라서 아담을 생생히 기억한다는 것은, 벽에다 그의 그림을 걸어 놓는 것, 기도할 때 그에 대해 말하는 것, 그에 대한 특별한 추도 예배를 드리는 것 이상이다. 그를 생생히 기억한다는 것은 그 안에 사셨고 지금은 우리에게 보내어진 예수님의 영을 받아들이기 위해 마음을 열어 놓는 것이다. 아담이 우리에게 줄 것은 아직도 많다. 그리고 우리는 그것이 너무나 필요하다!

나는 몇 주 전에 잠시 뉴 하우스를 방문했다. 로지, 로이, 존, 마이클, 앤 등 모두가 거기 있었다. 아담은 없었지만, 우리는 그에 대해 이야기를 나누었다. 존 데이비드가 말했다. "아담이 가고 나서 많은 것이 변했어요. 우리는 순간순간 그가 없다는 사실을 느낍니다." 조디도 덧붙였다. "우리는 아담을 너무나 그리워합니다." 그리고 레셰크는 그저 "뭐 마실 것 좀 갖다 드릴까요?" 하고 말했다.

    우리는 거실에서 여기저기 흩어져 서 있거나 앉아 있었다. 닫힌 원이 아닌 열린 원, 곧 슬픔과 아픔의 원을 그리고서 말이다. 우리는 한 세대의 끝에 와 있음을 절감했다. 우리 공동체는 이제 26년이 되었다. 그리고 아담은 그중 11년 동안 그곳에서 공동체의 구조 속으로 자신의 독특한 모양과 스타일을 만들어 넣었다. 우리는 모두 아담의 죽음이 우리 공동체의 청년기의 끝을 알려 주는 표지였음을 알고 있다. 우리의 슬픔은 친구들의 몸처럼 성년기로 가고 있었다. 우리는 사람들이 오고 가는 모습, 그곳에서 새로운 삶을 시작하고 풍요롭게 살다가 죽는 모습을 보아 왔다. 우리는 이제 함께 오랜 역사를 만들었고, 과거를 기억할 수 있다. 아담의 죽음은 우리로 하여금 새로운 것, 아직 말로 표현할 수 없는 무언가를 기다리게 해 주었다.

    우리의 대화는 아담에게서 서서히 우리 자신의 삶과 미래로 옮겨 갔다. 존 데이비드는 며칠 앞으로 닥친 실라와의 결혼을 준비 중이고, 조디는 데이비드와의 결혼식을 준비 중이다. 레셰크는 학업을 계속하기 위해 폴란드 집으로 돌아갈 준비를 하고 있으며, 우크라이나 출신 봉사자 페트로는 리보프에 있는 신학교에 지원한 상태다. 나는 아담을 도왔던 봉사자들이 세계 도처로 흩어져 자신의 삶을 살아 나갈 것임을 알았다.

    아담의 영은 그들의 마음속에서 그들과 함께할 것이다. 그들이 어디에서 무슨 일을 하든 아담은 계속해서 자기가 가르쳤던 많은 것을 생각나게 할 것이다. 그리고 그들이 아담과의 분주한 삶을 살 동안 분명하지 않았던 것들은 앞으로 사는 동안 그를 기억함으로 분명해질 것이다. 그들은 친구들에게 이렇게 이야기할 것이다. "여러 해 전에 데이브레이크에 있는 뉴 하우스에서 함께 살았던 아담에 대해 이야기해 주겠네." 그리고 그 이야기를 할 때 그들은 아담의 영, 곧 사랑의 영이 그들의 삶 가운데서 계속해서 열매를 맺을 것임을 다시금 발견할 것이다. 그들이 자신의 사명을 완수해 가는 동안 아담은 계속 그들을 인도할 것이다.

그러는 동안 존, 로지, 로이, 마이클, 앤 등 그곳에 있던 사람들은 여전히 빈 의자와 벽에 걸린 아담의 사진에 주의를 기울였다. 그들은 저녁 식사를 하러 오는 사람들에게 "아담이 여기 살았어요. 그는 훌륭한 친구이자 인도자였어요. 아담의 삶과 죽음으로 인해 우리는 평안, 소망, 사랑, 놀라운 감사의 선물을 받았답니다"라고 말할 것이다.

결론

아담의 삶과 우리 관계는 내게 아주 진실하고 영속적인 선물이었다. 우리 관계에 대해 세상적으로 이야기하는 것은 아무 의미도 없다. 그러나 아담의 친구인 나, 헨리는 그 이야기를 글로 쓰기로 결심했다. 나는 그것을 미화하지 않았고, 완화시키거나 좋게 만들지도 않았다. 나는 가능한 한 단순하고 솔직하게 쓰려고 노력했다. 나는 아담의 진리의 증인이다. 나는 먼저 예수님의 이야기에 대해 알지 못했다면 아담의 이야기를 할 수 없었음을 알고 있다. 예수님의 이야기를 통해 아담의 삶과 죽음에 대한 이야기를 들을 수 있는 귀와 볼 수 있는 눈을 얻은 것이다. 바로 그 이야기에 비추어서, 나는 가능한 한 단순하고 솔직하게 아담의 이야기에 대해 써야만 한다고 생각했다.

   라르쉬가 나의 공동체가 되고 데이브레이크가 나의 안식처가 된 것은 아담 때문이었다. 나의 팔로 아담을 붙들고 완전히 순수하고 자유롭게 그에게 다가갔기 때문이다. 아담은 내게 소속감을 주었다. 그는 내가 육체적 존재라는 진실에 뿌리내리도록 해 주었고, 공동체에 닻을 내리도록 해 주었으며, 함께하는 우리 삶에서 하나님의 임재하심을 깊이 경험하게 해 주었다. 아담과 만나지 못했다면 오늘 내가 어디에 서 있을지 모른다. 데이브레이크에서의 첫 14개월 동안 아담을 씻기고 먹이고 옆에 있으면서 나는 그토록 갈망하던 안식처를 얻었다. 그것은 단순히 좋은 사람들과 함께하는 안식처가 아니라, 나의 몸, 나의 공동체의 몸, 교회의 몸, 하나님의 몸 안에 있는 안식처였다.

나는 예수님의 삶에 대해 듣고 읽었지만 그분에게 손을 대거나 그분을 볼 수 없었다. 하지만 나는 아담에게 손을 댈 수 있었고, 그를 보았으며 그의 삶에 다가갔다. 그를 목욕시키고 면도시키고 이를 닦아 줄 때 육체적으로 그를 만졌다. 조심스럽게 그의 옷을 입히고 아침 식탁으로 그를 데려다주고 숟가락질을 도와주면서 그를 만졌다. 다른 사람들은 그에게 마사지를 해 주고 체조를 시키고 수영장과 목욕탕에서 곁에 앉아 있으면서 그를 만졌다. 그의 부모도 그를 만졌다. 머리, 캐시, 브루노도 그를 만졌다. 그것이 우리가 한 일이었다. 그를 만진 것! 그리고 예수님에 대한 이야기는 곧 아담에 대한 이야기였다. "손을 대는 자는 다 성함을 얻으리라"(막 6:56하). 아담에게 손을 댄 모든 사람은 각각 어딘가가 온전해졌다. 그것은 우리의 공통된 경험이었다.

그래서 아담의 이야기는 나의 믿음과 신조 그리고 나의 모든 능력과 무능함이 어우러진 나의 이야기를 표현한 것이기도 하다. 나는 이 책을 쓰면서, 내가 사용한 모든 단어가 아담에게 관련된 만큼 내게도 관련되어 있음을 서서히 알게 되었다. 그것이 다를 수는 없었다! 처음에는 아담에 대한 사랑 때문에 그의 이야기를 쓰고 싶었다. 그것은 우리를 슬프게 하고 눈물에 잠기게 하며 그리움으로 가득하게 한 사랑이었기 때문이다. 바로 거기서, 곧 내 마음속에서 사랑과 슬픔이 만난 그곳에서 하나님의 영은 나에게 영감을 주며 말씀하셨다. "앉아서 쓰라. 그 이야기를 하라. 네가 아담을 사랑하기 때문만이 아니라 다른 이야기도 너무나 잘 알기 때문에 글을 쓸 수 있다."

그래서 나는 슬픔 가운데서 앉아서 썼다. 쓰고 또 썼다. 어렵지 않게 써졌다. 글을 쓰는 동안, 아담은 바로 예수님의 이야기를 듣기 원했던 사람에게 매일 해 주었던 예수님의 이야기대로 살았던 사람임을 더 확실히 알았기 때문이다. 이제 나는 잠시 휴식할 때가 되었다. 이야기는 이미 다 했다. 많은 사람이 이 이야기를 읽고 이해하기를 바라며 기도한다.

옮긴이 김명희는 연세대학교 영어영문학과를 졸업하고 IVP 편집부에서 일했다. 옮긴 책으로는 『영혼을 세우는 관계의 공동체』『리더는 무엇으로 사는가』『예수님과 함께 걷는 삶』『영성에의 길』『일곱 문장으로 읽는 구약』(이상 IVP) 등이 있다.

아담 하나님이 사랑하시는 자

초판 발행_ 1998년 11월 25일
초판 29쇄_ 2020년 3월 10일
개정판 발행_ 2022년 8월 18일

지은이_ 헨리 나우웬
옮긴이_ 김명희
펴낸이_ 정모세

펴낸곳_ 한국기독학생회출판부
등록번호_ 제2001-000198호(1978.6.1)
주소_ 04031 서울시 마포구 동교로 156-10
대표 전화_ (02)337-2257 팩스_ (02)337-2258
영업 전화_ (02)338-2282 팩스_ 080-915-1515
홈페이지_ http://www.ivp.co.kr 이메일_ ivp@ivp.co.kr
ISBN 978-89-328-1946-4

ⓒ 한국기독학생회출판부 1998, 2022

책값은 뒤표지에 있습니다.
무단 전재와 복제를 금합니다.